곽동현

한국어 2

곽동현

한국어

2

연세대학교 한국어학당 편

연세대학교 출판부

일 러 두 기

한국어2는 한국어를 배우고자 하는 외국인과 교포 성인을 위한 기초 단계의 책으로서, 생활 필수 회화를 내용으로 하고 있다. 한국에서 생활하는 데 꼭 알아야 할 주제를 중심으로 하여 썼으며, 한국의 문화와 사고 방식을 소개함으로써 한국학을 전공하려는 사람들에게 많은 도움을 주려고 하였다.

구성은 대화, 새 단어, 문법, 문형 연습, 색인으로 되어 있다.

대화는 10과로 되어 있고, 각 과는 다섯 항으로, 각 항은 6개의 문장, 3개의 대화로 구성되어 있으며 마지막 항은 복습용 산문이다.

어휘는 빈도수에 따라 단계적으로 제시되어 있으며, 그 주제에서 꼭 알아야 할 어휘를 선정하여 썼다.

새 어휘는 대화 아래 보임으로써 쉽게 알아 보도록 하였으며, 한 단위에 72개, 총713개의 단어를 다루었다.

앞에서 다룬 어휘를 뒤에서 반복함으로써 습득을 용이하게 하였다

문법은 외국인이 쉽게 습득할 수 있는 체계에 의하여 집필하였고, 난이도를 고려하여 기본적인 것에서부터 단계적으로 다루었다.

각 항에서는, 본문에 나온 문법 요소를 개별적으로 설명하였고, 이를 종합하여 체계를 보였다.

문법의 설명은 외국 학생의 이해를 돕기 위해서 사용법상의 문제, 학생 모국어와의 관계를 고려하였고, 어떤 상황에서 그것이 쓰이는가를 알도록 하였다. 그리고 그 문법 설명의 이해를 돕기 위하여 적절한 예문을 제시하였다. 문법 예문에 나오는 새 단어는 새 단어로 간주하지 않아 단어색인에 이를 넣지 않았다.

문형 연습은 학습자가 언어를 자유롭게 쓸 수 있게 하고, 외부 자극에 의하여 언어 반응이 자동적이고 습관적으로 나타나게 하기 위하여, 문형 연습항을 따로 두었다.

문법상의 특성을 구문 구조 안에서 익힘으로써 문법 지식이 실제로 언어 수행으로 나타날 수 있게 할 뿐만 아니라, 음운 규칙을 알고 어휘의 습득을 돕고자 하였다.

문형에 적합하고 꼭 필요한 어휘는 새 단어로 주었으며, 이것은 색인에 넣었다.

Introduction

한국어2 is a basic level textbook for foreigners and adult overseas Koreans who wish to learn Korean. As such, its contents are designed to exemplify essential everyday conversation. We have written it bearing in mind those topics and situations, a knowledge of which is essential for living in Korea. By introducing Korean culture and the Korean way of thinking, we have also attempted to aid those who intend to major in Korean Studies.

The 구성 or STRUCTURE section is composed of Conversations, New Vocabulary, Grammar, Pattern Exercises, and an Index.

The 대화 or CONVERSATION section is made up of 10 lessons, where each lesson has five sub-divisions, each sub-division has 6 lines (3 conversational exchanges), and the last sub-division is a prose text for review purposes.

The 어휘 or VOCABULARYS are introduced in steps according to their frequency, and for each topic we have selected those words most essential to conversation on the topic. New words are listed below each new conversation in order to facilitate recognition, and each unit has 71 words for a total of 713 words.

The 문법 or GRAMMAR section has been edited according to a system readily learnable by foreigners, and grammar has been graded according to the level of difficulty: grammar is introduced in steps from the easier and more basic to the more advanced and difficult. Each sub-division introduces and explains the new grammatical elements which appear in the conversations, the aggregate of these explanations making up a systematic whole.

The grammatical explanations 1) are designed to help the foreign student with problems of usage, 2) take into account the student's mother tongue, and 3) strive to show how the patterns are used and under what circumstances. In order to aid the foreign student's understanding of the grammatical explanations, each is furnished with additional illustrative examples. New vocabularys appearing in the example sentences are not treated as NEW VOCABULARY, and are not listed in the INDEX.

The 문형연습 or PATTERN EXERCISES are designed to allow the learned to use the language freely. We have included a separate PATTERN EXERCISE section in order to bring the learner to the point where external stimuli evoke proper linguistic responses automatically and freely. By practicing grammatical peculiarities within sentence structures, we have strived not only to convert the student's knowledge of grammar to actual linguistic practice, but to help the student to acquire new vocabulary and master the phonological rules of the language. Words deemed necessary for the illustrated patterns are given as NEW VOCABULARY, and are listed in the INDEX.

차 례

Contents

한국어 2

제 11 과

한국 음식

1

죤슨 부인과 김 선생은 식당에 들어갔다.

죤슨부인 : 이 식당에서 무슨 음식을 제일 잘 합니까?

주　　인 : 삼계탕이 유명합니다.

죤슨부인 : 삼계탕요?

주　　인 : 잡수신 일이 없습니까?

죤슨부인 : 아직 먹은 일이 없는데요.

주　　인 : 잡숴 보세요. 다들 좋아하니까요.

삼계탕　　*samgye-t'ang* (chicken stew)　　　　유명하다　　well known, to be popular

2

김 선 생 :   식기 전에 듭시다.

죤슨부인 :   이건 어떻게 먹는 겁니까? *(from 것입니(까))*

김 선 생 :   소금을 좀 넣어서 드세요.

죤슨부인 :   정말 맛이 있는데요.

김 선 생 :   이건 여름철에 많이 먹는 음식이에요.

죤슨부인 :   집에서도 쉽게 해 먹을 수 있겠군요.

식다   to get cold   소금   salt   여름철   summer season

3

김 선 생 :   맛있게 드셨습니까?

죤슨부인 :   예, 오늘은 김 선생님 덕분에 별식을 했습니다.

김 선 생 :   저도 오랜만에 잘 먹었습니다.

죤슨부인 :   보통 한국 음식이 맵고 짠데 이건 그렇지 않군요.

김 선 생 :   예, 한국 사람들이 매운 걸 좋아하지요.

죤슨부인 :   그런데 저는 한식이 입에 맞아요.

덕분에   thanks to, because of   별식   feast   짜다   to be salty
입에 맞다   to enjoy eating, to like

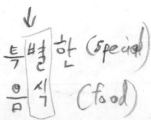

특별한 (special)
음식 (food)

4

b/c we're an agricultural country

죤 슨 :	한국 사람들은 아침을 잘 먹는 것 같습니다.
김 선 생 :	예, 그런데 요즘은 그런 습관도 많이 달라졌어요.
죤 슨 :	나라마다 생활 습관이 달라서 재미있습니다.
김 선 생 :	한국에 오신 지 얼마나 되었습니까?
죤 슨 :	일 년 되었는데 아직 모르는 게 많습니다.
김 선 생 :	차츰 익숙해지실 겁니다.

습관	custom	달라지다	to become / get different;	생활 습관 life style
차츰	gradually		to change	익숙해지다 to get / become used to, accustomed to

like 설날 < 단오 (5/5) 추석 (8/5)   *(lunar calendar)*

5

한국 사람들은 명절이나 생일날은 아침에 가족들이 모여서
식사를 합니다.

이것은 아침 밥을 잘 먹는 풍습 때문입니다. *70th b-day* → 칠순 잔치

진갑 (61세)

그러나 점심은 간단하게 먹습니다.

명절	holiday	생일날	birthday	풍습	custom
간단하다	simple, easy				

100일 (백일 잔치) *100 day party*   생신 *(honorific)*   *birth year* 생년월일

big celebrations < 첫돌 *(1st b-day)* 환갑 (60 살)

한국 음식은 수저로 먹습니다.

숟가락과 젓가락을 따로따로 써야 합니다.

아랫사람은 윗사람이 수저를 든 후에 들어야 합니다.

수저	spoon and chopsticks	숟가락	a spoon	젓가락	chopsticks
따로따로	separately	아랫사람	young people	윗사람	old people

Lesson 11

Korean Food

1

Mrs. Johnson and Mr. Kim have just entered a restaurant.

Mrs. Johnson	:	What kind of food do you do best in this restaurant?
Owner	:	[Our] "*samgye-t'ang*" is famous.
Mrs. Johnson	:	[What do you mean by] "*samgye-t'ang*"?
Owner	:	You've never tried [eating] it?
Mrs. Johnson	:	I'm afraid I've not tried it yet.
Owner	:	Try it. Everybody likes it, you know.

2

Mr. Kim	:	Eat it before it gets cold.
Mrs. Johnson	:	How does one eat this?
Mr. Kim	:	Put a bit of salt in [first,] and [then] eat it.
Mrs. Johnson	:	Say, it's really quite tasty!
Mr. Kim	:	This is a food we eat a lot in [the] summer [season].
Mrs. Johnson	:	I'll bet it must be easy to make at home, too.

3

Mr. Kim	:	Was it tasty? [Did you eat in such a way that it was tasty?]
Mrs. Johnson	:	Yes, thanks to you, I've had a feast today.

Mr. Kim	:	I ate well for the first time in a long while, too.
Mrs. Johnson	:	Usually Korean food is [so] spicy and salty, but this isn't like that at all!
Mr. Kim	:	Yes. Koreans do indeed like spicy things.
Mrs. Johnson	:	But nonetheless, Korean food suits my taste.

4

Mrs. Johnson	:	It seems Koreans eat hearty breakfasts.
Mr. Kim	:	Yes. In fact, customs like that have changed a great deal lately, too.
Mrs. Johnson	:	It's interesting that each nation has a different lifestyle.
Mr. Kim	:	About how long has it been since you came to Korea?
Mrs. Johnson	:	It's been a year, but there are still many things I don't know.
Mr. Kim	:	You'll get accustomed [to things] gradually.

5

On holidays or birthdays, Koreans get together as families in the morning and share a meal.

This is because of the custom of eating a big breakfast.

But they eat a simple lunch.

Korean food is eaten with chopsticks and spoon.

You have to use chopsticks and spoon separately.

A junior must eat after the senior has lifted his chopsticks or spoon.

문 법

11. 1 G1 -(으)ㄴ 일이 있다

• This attaches to action verb stems and expresses a past experience: "one has done X, one has had the experience of …ing," etc.

예: 남대문시장에서 물건을 산 일이 있습니다.	I've bought things [once] at Namdaemun Market.
전에 외국어를 배운 일이 있습니까?	Have you ever learned a foreign language before?
한국에 와서 영화를 본 일이 있습니까?	Have you ever seen a movie since coming to Korea?
만두국을 먹은 일이 없습니다.	I've never eaten dumpling soup.
은행에서 돈을 찾은 일이 없습니다.	I've never taken out money from the bank.

11. 1 G2 -요

• This is a polite final ending which indicates the end of an utterance. It can attach to verbal endings like -어(아, 여), -지, -군, etc. and to nouns, adverbs, and noun particles like 이/가, 은/는, 을/를, etc.

• The connective endings -니까, -는데, -어서, etc. can take the 요 to become the final endings -니까요, -는데요, and -어서요.

• The sentence structure in this pattern is changed such that the originally preceding phrase swaps places with the old final phrase. This is in order to add emphasis. The effect is to change an afterthought into a *bona fide* polite follow-up utterance.

예: 오늘은 일찍 가겠습니다.　　Today I shall go early—[because] a guest
　　손님이 오시니까요.　　　　is coming.

　　조심하십시오. 길이　　　　Be careful—[because] the road is slippery.
　　미끄러우니까요.

　　아직도 주무십니까? 늦었는데요.　Are you still sleeping?—it's late,
　　　　　　　　　　　　　　you know.

　　놀러 갑시다. 연휴인데요.　　Let's go somewhere for a break—
　　　　　　　　　　　　　　it's a long weekend, after all.

　　잡지를 하나 샀습니다.　　　I bought a magazine—[because] I was
　　심심해서요.　　　　　　　so bored.

11. 1 G3 -들

• This suffix expresses plurality and can attach to nouns, adverbs, and adverbial verb forms like -지, -어, -고, etc.

예: 여러분들, 안녕하십니까?　　　How do you do, ladies and gentlemen?
　　그분들을 언제 만나셨습니까?　When did you meet them?
　　어서들 오십시오.　　　　　　Welcome! [Please come in immediately,
　　　　　　　　　　　　　　all of you]

　　모두들 그 선생님을 좋아합니다.　Everybody likes that teacher.
　　값을 깎지들 마세요.　　　　Please don't [you all] haggle with me
　　　　　　　　　　　　　　about the price.

11.2 G1 -는 것

• The word 것 is a defective or "bound" noun: it can only occur after a preceding modifier phrase or a modifying noun or adjective like 이 "this" or 새 "new."

• In this pattern, 것 is modified by a verb with the -는 modifier.

• It is used in sentences as a noun phrase, as in the following examples:

예: 걷는 것이 건강에 좋습니다.	Walking is good for your health ["The fact walking"…]
저 사람이 웃는 것을 보니까 나도 웃음이 나요.	Seeing him laugh [When I see him laughing], I, too, am brought to laugh.
이 가게에는 없는 것이 없습니다.	There is nothing they don't have in this shop.
이것은 공짜로 드리는 것입니다.	This is something I'm giving to you for free [= I'm giving this to you for free].
이 물건은 어디에 쓰는 겁니까?	What is this thing used for? ["This is a used-for-where thing?"]

11.2 G2 -겠

• This attaches to verb stems and is used as a kind of future tense ending. Usually, this ending expresses the speaker's guess, assumption, or presumption.

예: 저는 그 회의에 가지 못하겠 습니다.	I won't be able to go to that conference.
모르시면 다시 설명해 드리 겠습니다.	If you don't understand, I'll explain it to you again.
이거 맛있겠지요?	This must be tasty, don't you think?

하늘을 보니까 비가 오겠군요.	Judging by the sky, it'll probably rain.
그 일 때문에 피곤하시겠군요.	You must be tired because of that business.

11.3 G1 -게

• This ending attaches to verb stems to form adverbial phrases.

예: 옷을 싸게 샀습니다.	I bought the clothes for cheap [æcheaply"].
이것을 예쁘게 싸 주세요.	Please wrap this up prettily for me.
주말을 즐겁게 지내셨습니까?	Did you spend a pleasurable weekend? ["Did you pass the weekend in such a way that it was pleasurable?"]
손님을 친절하게 대해요.	He treats a guest friendly.
설명을 간단하게 했어요.	He explained simply.

11.3 G2 -만에

• This attaches to nouns expressing time and gives the idea of "after an interval of not doing such-and-such one finally does it...; for the first time in TIME one does it."

예: 오랜만에 여행을 떠나요.	I'm leaving on a trip for the first time in ages.
오래간만에 친구를 만나서 반가웠습니다.	I was happy to meet a friend [again] after a long time.
몇 년 만에 귀국하십니까?	How long has it been since you went back to the old country? ["You are going back

to your home country after how many years' interval?"

십 년 만에 한 번 휴가를 얻었어요.   I got a leave of absence for the first time in 10 years.

일주일 만에 퇴원했습니다.   He was released from hospital after only a week.

11.4 G1 -(으)ㄴ 지

• This attaches to action verb stems and is followed by a noun expressing time elapsed. It means: "the time since VERBing... has been X", hence "it has been TIME since one did..."

예: 선생님을 뵌 지 오래 되었습니다.   It has been a long time since I [last] saw you.

결혼한 지 일 년 되었어요.   It has been a year since we were married.

한국어 공부를 시작한 지 얼마 안 되었어요.   It hasn't been long since I started studying Korean.

만난 지 한 시간 만에 헤어졌습니다.   They parted [just/only] an hour since meeting.

나간 지 삼십 분쯤 된 것 같습니다.   It seems it has been about 30 minutes since he went out.

11.5 G1 -어야 하다

• This auxiliary verb attaches to verb stems and expresses obligation: "must, have to, should," etc.

예: 한식은 수저로 먹어야 해요.   You have to eat Korean-style food with
                                       spoon and chopsticks.

교통 규칙은 꼭 지켜야 합니다.   One must observe strictly traffic
                                       regulations.

어른에게는 존대말을 써야 합니다.   One must use the polite style of speech
                                       to one's elders.

방은 밝아야 합니다.   The room must/should be bright.

거짓말은 하지 않아야 합니다.   One mustn't tell lies.

유형 연습

11. 1 D1

(보기) 선 생 : 지난 주말에 민속촌에 가 봤습니다. (민속촌)
      학 생 : 민속촌요?

1) 선 생 : 내일 회의가 열립니다. (회의)
   학 생 : 회의요?

2) 선 생 : 국립박물관이 광화문에 있습니다. (광화문)
   학 생 : 광화문요?

3) 선 생 : 오후에 김 박사님이 오십니다. (김 박사님)
   학 생 : 김 박사님요?

4) 선 생 : 설날인데 떡국이나 먹읍시다. (떡국)
   학 생 : 떡국요?

5) 선 생 : 한국의 꽃은 무궁화입니다. (무궁화)
   학 생 : 무궁화요?

11. 1 D2

(보기) 선 생 : 제주도에 갔습니다.
      학 생 : 제주도에 간 일이 있습니다.

1) 선 생 : 한복을 입었습니다.
   학 생 : 한복을 입은 일이 있습니다.

2) 선 생 :　그 사람을 만났습니다.

　　학 생 :　그 사람을 만난 일이 있습니다.

3) 선 생 :　그 가수의 노래를 들었습니다.

　　학 생 :　그 가수의 노래를 들은 일이 있습니다.

4) 선 생 :　서울에서 길을 잃어버렸습니다.

　　학 생 :　서울에서 길을 잃어버린 일이 있습니다.

5) 선 생 :　수술을 받았습니다.

　　학 생 :　수술을 받은 일이 있습니다.

11. 1　D3

(보기) 선 생 :　한자를 배운 일이 있습니까? (예/아니오)

　　　학 생 :　예, 한자를 배운 일이 있습니다.

　　　　　　　아니오, 한자를 배운 일이 없습니다.

1) 선 생 :　한국 신문을 읽은 일이 있습니까? (예)

　　학 생 :　예, 한국 신문을 읽은 일이 있습니다.

2) 선 생 :　국립도서관에 간 일이 있습니까? (예)

　　학 생 :　예, 국립도서관에 간 일이 있습니다.

3) 선 생 :　한국에서 운전을 한 일이 있습니까? (아니오)

　　학 생 :　아니오, 한국에서 운전을 한 일이 없습니다.

4) 선 생 :　한국에서 영화를 본 일이 있습니까? (예)

　　학 생 :　예, 한국에서 영화를 본 일이 있습니다.

5) 선 생 :　서울 시내를 구경한 일이 있습니까? (아니오)

　　학 생 :　아니오, 서울 시내를 구경한 일이 없습니다.

11.1   D4

(보기) 선 생 : 요즘 바쁘십니까?
　　　 학 생 : 예, 요즘 바쁜데요.

1) 선 생 : 요즘도 그 친구를 만나십니까?
　 학 생 : 예, 요즘도 그 친구를 만나는데요.

2) 선 생 : 오늘 약속이 있습니까?
　 학 생 : 예, 오늘 약속이 있는데요.

3) 선 생 : 요즘도 운동을 하십니까?
　 학 생 : 예, 요즘도 운동을 하는데요.

4) 선 생 : 박영미 씨를 아십니까?
　 학 생 : 예, 박영미 씨를 아는데요.

5) 선 생 : 이 선생님 지금 사무실에 계십니까?
　 학 생 : 예, 이 선생님 지금 사무실에 계시는데요.

11.1   D5

(보기) 선 생 : 열심히 공부하십시오.
　　　 학 생 : 열심히들 공부하십시오.

1) 선 생 : 이리 오십시오.
　 학 생 : 이리들 오십시오.

2) 선 생 : 많이 마시지 마십시오.
　 학 생 : 많이들 마시지 마십시오.

3) 선 생 : 천천히 드십시오.
　 학 생 : 천천히들 드십시오.

4) 선 생 : 늦게 오지 마십시오.
　 학 생 : 늦게들 오지 마십시오.

5) 선 생 : 재미있게 이야기하십시오.
　 학 생 : 재미있게들 이야기하십시오.

11.1 D6

(보기) 선 생 : 너무 비싸니까 사지 맙시다.
　　　 학 생 : 사지 맙시다. 너무 비싸니까요.

1) 선 생 : 시간이 없으니까 서두르십시오.
　 학 생 : 서두르십시오. 시간이 없으니까요.

2) 선 생 : 이 길은 복잡하니까 다른 길로 갑시다.
　 학 생 : 다른 길로 갑시다. 이 길은 복잡하니까요.

3) 선 생 : 지금은 바쁘니까 내일 만납시다.
　 학 생 : 내일 만납시다. 지금은 바쁘니까요.

4) 선 생 : 오늘은 너무 늦었으니까 내일 만납시다.
　 학 생 : 내일 만납시다. 오늘은 너무 늦었으니까요.

5) 선 생 : 어두우니까 불 좀 켜 주십시오.
　 학 생 : 불 좀 켜 주십시오. 어두우니까요.

11.2 D1

(보기) 선 생 : 씁니다.
　　　 학 생 : 이건 어떻게 쓰는 겁니까?

1) 선 생 : 발음합니다.
   학 생 : 이건 어떻게 발음하는 겁니까?

2) 선 생 : 켭니다.
   학 생 : 이건 어떻게 켜는 겁니까?

3) 선 생 : 요리합니다.
   학 생 : 이건 어떻게 요리하는 겁니까?

4) 선 생 : 만듭니다.
   학 생 : 이건 어떻게 만드는 겁니까?

5) 선 생 : 엽니다.
   학 생 : 이건 어떻게 여는 겁니까?

11.2 D2

(보기) 선 생 : 이 텔레비전은 어떻게 켜는 겁니까?
              (오른쪽으로 돌리다)
       학 생 : 오른쪽으로 돌려서 켜세요.

1) 선 생 : 이건 어떻게 여는 겁니까? (손잡이를 당기다)
   학 생 : 손잡이를 당겨서 여세요.

2) 선 생 : 이 과일은 어떻게 먹는 겁니까? (칼로 껍질을 벗기다)
   학 생 : 칼로 껍질을 벗겨서 잡수세요.

3) 선 생 : 이 뚜껑은 어떻게 닫는 겁니까? (옆으로 돌리다)
   학 생 : 옆으로 돌려서 닫으세요.

4) 선 생 : 이 음식은 어떻게 먹는 겁니까? (젓가락을 사용하다)
   학 생 : 젓가락을 사용해서 잡수세요.

5) 선 생 : 이 라디오는 어떻게 끄는 겁니까? (오른쪽에 있는 버튼을 누
          르다)
   학 생 : 오른쪽에 있는 버튼을 눌러서 끄세요.

11.2   D3

(보기) 선 생 : 요즘 한가합니다.
       학 생 : 요즘 한가하겠군요.

1) 선 생 : 피곤하십니다.
   학 생 : 피곤하시겠군요.

2) 선 생 : 어렵습니다.
   학 생 : 어렵겠군요.

3) 선 생 : 이제 한국말을 잘 하십니다.
   학 생 : 이제 한국말을 잘 하시겠군요.

4) 선 생 : 한국 신문을 읽을 수 있습니다.
   학 생 : 한국 신문을 읽을 수 있겠군요.

5) 선 생 : 정말 재미있었습니다.
   학 생 : 정말 재미있었겠군요.

11.2   D4

(보기) 선 생 : 요즘 방학이에요. (한가하시다)
       학 생 : 한가하시겠군요.

1) 선 생 : 자동차를 샀어요. (편하다)
   학 생 : 편하겠군요.

new semester

2) 선 생 : 새 학기가 시작됐어요. (바쁘시다)
   학 생 : 바쁘시겠군요.

3) 선 생 : 미국에서 10년 살았어요. (영어를 잘 하시다)
   학 생 : 영어를 잘 하시겠군요.

4) 선 생 : 박 선생님이 사무실에 계세요. (지금 가면 만날 수 있다)
   학 생 : 지금 가면 만날 수 있겠군요.

5) 선 생 : 오늘 아침에 버스가 만원이었어요. (아주 불편하셨다)
   학 생 : 아주 불편하셨겠군요.

11.3   D1

(보기) 선 생 : 샀습니다. (싸다)
       학 생 : 싸게 샀습니다.

1) 선 생 : 놀았습니다. (재미있다)
   학 생 : 재미있게 놀았습니다.

2) 선 생 : 지내고 있습니다. (바쁘다)
   학 생 : 바쁘게 지내고 있습니다.

3) 선 생 : 말씀해 주십시오. (크다)
   학 생 : 크게 말씀해 주십시오.

4) 선 생 : 청소하겠습니다. (깨끗하다)
   학 생 : 깨끗하게 청소하겠습니다.

5) 선 생 : 만드십시오. (맵지 않다)
   학 생 : 맵지 않게 만드십시오.

11.3 D2

(보기) 선 생 : 요즘 바쁘게 지내십니까?
　　　　학 생 : 예, 요즘 바쁘게 지냅니다.

1) 선 생 : 존슨 씨가 정확하게 발음합니까?
　　학 생 : 예, 존슨 씨가 정확하게 발음합니다.

2) 선 생 : 방학을 즐겁게 보내셨습니까?
　　학 생 : 예, 방학을 즐겁게 보냈습니다.

3) 선 생 : 그 아이가 귀엽게 생겼습니까?
　　학 생 : 예, 그 아이가 귀엽게 생겼습니다.

4) 선 생 : 아주머니가 깨끗하게 청소했습니까?
　　학 생 : 예, 아주머니가 깨끗하게 청소했습니다.

5) 선 생 : 이 선생님이 재미있게 가르치십니까?
　　학 생 : 예, 이 선생님이 재미있게 가르치십니다.

11.3 D3

(보기) 선 생 : 그 친구를 얼마 만에 만났습니까? (1주일)
　　　　학 생 : 그 친구를 1주일 만에 만났습니다.

1) 선 생 : 고향에 몇 년 만에 돌아오셨습니까? (2년)
　　학 생 : 고향에 2년 만에 돌아왔습니다.

2) 선 생 : 숙제를 몇 시간 만에 끝냈습니까? (두 시간)
　　학 생 : 숙제를 두 시간 만에 끝냈습니다.

3) 선 생 : 한국에 얼마 만에 오셨습니까? (10년)
　　학 생 : 한국에 10년 만에 왔습니다.

4) 선 생 : 그 잡지를 며칠 만에 다 읽었습니까? (사흘) 3 days

학 생 : 그 잡지를 사흘 만에 다 읽었습니다.

5) 선 생 : 부모님께 얼마 만에 편지를 썼습니까? (한 달)

학 생 : 부모님께 한 달 만에 편지를 썼습니다.

11.3 D4

(보기) 선 생 : 이런 옷은 비쌉니다.

학 생 : 보통 이런 옷은 비싼데 이건 그렇지 않군요.

1) 선 생 : 이 회사 제품은 질이 좋습니다.

학 생 : 보통 이 회사 제품은 질이 좋은데 이건 그렇지 않군요.

2) 선 생 : 컴퓨터는 사용하기가 복잡합니다.

학 생 : 보통 컴퓨터는 사용하기가 복잡한데 이건 그렇지 않군요.

3) 선 생 : 만화는 재미있습니다.

학 생 : 보통 만화는 재미있는데 이건 그렇지 않군요.

4) 선 생 : 신문은 한자가 많고 어렵습니다.

학 생 : 보통 신문은 한자가 많고 어려운데 이건 그렇지 않군요.

5) 선 생 : 한국 음식은 짜고 맵습니다.

학 생 : 보통 한국 음식은 짜고 매운데 이건 그렇지 않군요.

11.4 D1

(보기) 선 생 :   영화를 자주 보시는 것 같습니다. (바빠서 보지 못하다)
　　　 학 생 :   예, 그런데 요즘은 바빠서 보지 못합니다.

1) 선 생 :   시장은 물건 값이 싼 것 같습니다. (값이 많이 올랐다)
　 학 생 :   예, 그런데 요즘은 값이 많이 올랐습니다.

2) 선 생 :   술을 아주 좋아하시는 것 같습니다. (많이 마시지 않다)
　 학 생 :   예, 그런데 요즘은 많이 마시지 않습니다.

3) 선 생 :   복습을 잘 하시는 것 같습니다. (시간이 없어서 잘 하지 못하다)
　 학 생 :   예, 그런데 요즘은 시간이 없어서 잘 하지 못합니다.

4) 선 생 :   친구를 자주 만나시는 것 같습니다. (일이 많아서 자주 만나
　　　　　　지 못하다)
　 학 생 :   예, 그런데 요즘은 일이 많아서 자주 만나지 못합니다.

5) 선 생 :   영어를 잘 하시는 것 같습니다. (영어를 쓸 기회가 없다)
　 학 생 :   예, 그런데 요즘은 영어를 쓸 기회가 없습니다.

11.4 D2

(보기) 선 생 :   지방/풍습
　　　 학 생 :   지방마다 풍습이 달라요.

1) 선 생 :   학교/분위기
　 학 생 :   학교마다 분위기가 달라요.

2) 선 생 :   급/배우는 것
　 학 생 :   급마다 배우는 것이 달라요.

3) 선 생 : 회사/출퇴근 시간
   학 생 : 회사마다 출퇴근 시간이 달라요.

4) 선 생 : 사람/성격
   학 생 : 사람마다 성격이 달라요.

5) 선 생 : 집집/음식 맛
   학 생 : 집집마다 음식 맛이 달라요.

11.4 D3

(보기) 선 생 : 고등학교를 졸업했습니다 / 3년
       학 생 : 고등학교를 졸업한 지 3년 되었습니다.

1) 선 생 : 친구한테서 편지를 받았습니다 / 석 달
   학 생 : 친구한테서 편지를 받은 지 석 달 되었습니다.

2) 선 생 : 그 회사를 그만두었습니다 / 한 달
   학 생 : 그 회사를 그만둔 지 한 달 되었습니다.

3) 선 생 : 가족들을 보았습니다 / 오래
   학 생 : 가족들을 본 지 오래 되었습니다.

4) 선 생 : 그 친구와 헤어졌습니다 / 6개월
   학 생 : 그 친구와 헤어진 지 6개월 되었습니다.

5) 선 생 : 이 집에서 살았습니다 / 1년 반
   학 생 : 이 집에서 산 지 1년 반 되었습니다.

11.4 D4

(보기) 선 생 : 비행기가 도착한 지 얼마나 되었어요? (30분)
　　　　학 생 : 비행기가 도착한 지 30분 되었어요.

1) 선 생 : 입사한 지 얼마나 되었어요? (1년 반)
　 학 생 : 입사한 지 1년 반 되었어요.

2) 선 생 : 그분한테서 전화가 온 지 얼마나 되었어요? (한 10분)
　 학 생 : 그분한테서 전화가 온 지 한 10분 되었어요.

3) 선 생 : 사업을 시작한 지 얼마나 되었어요? (3년)
　 학 생 : 사업을 시작한 지 3년 되었어요.

4) 선 생 : 그 친구와 사귄 지 얼마나 되었어요? (한 10년)
　 학 생 : 그 친구와 사귄 지 한 10년 되었어요.

5) 선 생 : 그분이 외출하신 지 얼마나 되었어요? (한 30분)
　 학 생 : 그분이 외출하신 지 한 30분 되었어요.

11.4 D5

(보기) 선 생 : 한국말을 배운 지 얼마나 되었어요? (3년 되었다 /
　　　　　　　자신이 없다)
　　　　학 생 : 3년 되었는데, 아직 자신이 없습니다.

1) 선 생 : 요즘 날씨가 어떻습니까? (봄이 되었다 / 쌀쌀하다)
　 학 생 : 봄이 되었는데, 아직 쌀쌀합니다.

2) 선 생 : 한자를 읽을 수 있습니까? (학교에서 배웠다 / 잘 읽을 수
　　　　　없다)
　 학 생 : 학교에서 배웠는데, 아직 잘 읽을 수 없습니다.

3) 선 생 : 숙제를 다 끝냈습니까? (세 시간 동안 했다 / 다 못했다)
   학 생 : 세 시간 동안 했는데, 아직 다 못했습니다.

4) 선 생 : 운전을 잘 할 수 있습니까? (석 달 동안 연습했다 / 서투르다)
   학 생 : 석 달 동안 연습했는데, 아직 서투릅니다.

5) 선 생 : 한국 음식을 만들 수 있습니까? (한국 음식을 좋아하다 /
          만들 수 없다)
   학 생 : 한국 음식을 좋아하는데, 아직 만들 수 없습니다.

11.5 D1

(보기) 선 생 : 교통이 매우 복잡하군요. (졸업식)
       학 생 : 그것은 졸업식 때문이에요.

1) 선 생 : 그분은 자주 외국에 나가시는군요. (회사 일)
   학 생 : 그것은 회사 일 때문이에요.

2) 선 생 : 요즘 매일 늦게 돌아오시는군요. (시험 공부)
   학 생 : 그것은 시험 공부 때문이에요.

3) 선 생 : 김 선생님이 우울해 보여요. (여자 친구)
   학 생 : 그것은 여자 친구 때문이에요.

4) 선 생 : 그분은 술을 많이 마시는 것 같아요. (스트레스)
   학 생 : 그것은 스트레스 때문이에요.

5) 선 생 : 그 아이는 날마다 부모님한테서 꾸중을 들어요. (거짓말하는
          습관)
   학 생 : 그것은 거짓말하는 습관 때문이에요.

11.5   D2

(보기) 선 생 : 쓰기와 읽기를 공부합니다.
　　　　학 생 : 쓰기와 읽기를 따로따로 공부합니다.

1) 선 생 : 부모님과 아이들이 살고 있습니다.
　 학 생 : 부모님과 아이들이 따로따로 살고 있습니다.

2) 선 생 : 언니와 동생이 학교에 갑니다.
　 학 생 : 언니와 동생이 따로따로 학교에 갑니다.

3) 선 생 : 책과 옷을 쌉니다.
　 학 생 : 책과 옷을 따로따로 쌉니다.

4) 선 생 : 백화점에서 어른 옷과 아이 옷을 팝니다.
　 학 생 : 백화점에서 어른 옷과 아이 옷을 따로따로 팝니다.

5) 선 생 : 남자들과 여자들이 이야기합니다.
　 학 생 : 남자들과 여자들이 따로따로 이야기합니다.

11.5   D3

(보기) 선 생 : 예습과 복습을 합니다.
　　　　학 생 : 예습과 복습을 해야 합니다.

1) 선 생 : 편지에 우표를 붙입니다.
　 학 생 : 편지에 우표를 붙여야 합니다.

2) 선 생 : 한 달에 한 번 부모님께 편지를 씁니다.
　 학 생 : 한 달에 한 번 부모님께 편지를 써야 합니다.

3) 선 생 : 비자를 받습니다.
　 학 생 : 비자를 받아야 합니다.

4) 선 생 : 식당은 깨끗합니다.
   학 생 : 식당은 깨끗해야 합니다.

5) 선 생 : 공부방은 밝고 조용합니다.
   학 생 : 공부방은 밝고 조용해야 합니다.

11.5 D4

(보기) 선 생 : 회의에 꼭 참석해야 합니까? (예 / 회의에 꼭 참석하다)
       학 생 : 예, 회의에 꼭 참석해야 합니다.

1) 선 생 : 사장님께도 연락해야 합니까? (예 / 사장님께도 연락하다)
   학 생 : 예, 사장님께도 연락해야 합니다.

2) 선 생 : 아침에 일찍 일어나야 합니까? (예 / 여섯 시에 일어나다)
   학 생 : 예, 여섯 시에 일어나야 합니다.

3) 선 생 : 우체국까지 걸어갈 수 있습니까? (아니오 / 버스를 타다)
   학 생 : 아니오, 버스를 타야 합니다.

4) 선 생 : 오늘 할 일이 많습니까? (예 / 이 일을 꼭 끝내다)
   학 생 : 예, 이 일을 꼭 끝내야 합니다.

5) 선 생 : 이번 주말에 만날 수 있습니까? (아니오 / 시험 준비를 하다)
   학 생 : 아니오, 시험 준비를 해야 합니다.

제 12 과
교 통

①

죤슨은 서울종합운동장에 가려고 한다.

죤   슨 : 종합운동장에 가려면 몇 번 버스를 타야 합니까?

지나가는
사   람 : 15번을 타고 가다가 을지로에서 갈아 타세요.

죤   슨 : 여기에서 직접 가는 버스는 없습니까?

지나가는
사   람 : 버스는 없고 지하철이 있어요.

죤   슨 : 고맙습니다. 지하철은 몇 호선을 타야 합니까?

지나가는
사   람 : 2호선을 타세요. 지하철이 빠를 거에요.

서울종합운동장	Seoul Sports Complex	을지로	Ulji-Ro	갈아타다	to change
직접	directly, straight	지하철	subway	호선	line

2

죤슨은 지하철 역에서 김 선생을 만났다.

김 선 생 : 죤슨 선생 어디 가십니까?

죤   슨 : 지금 야구를 보러 가는 길입니다.

김 선 생 : 종합운동장으로 가시겠군요.

죤   슨 : 예, 그런데 김 선생님은 어디 가세요?

김 선 생 : 저도 그쪽으로 가요.

죤   슨 : 마침 잘 됐습니다.

　　　　　　길을 몰라서 누구에게 물어 보려고 했는데요.

야구	baseball	마침	well met, favorably

3

죤   슨 : 표 사는 사람이 많아서 한참 기다려야겠습니다.

김 선 생 : 저쪽에 있는 자동판매기로 갑시다.

죤   슨 : 여기도 줄을 길게 섰는데요.

표	ticket	한참	quite a while	자동판매기	vending machine
줄	a line, queue	길게	in such a way that it is long (longly, lengthily)		

김 선 생 : 퇴근 시간이기 때문에 그래요.

죤　　슨 : 지하철은 몇 분마다 와요?

김 선 생 : 자주 오는데 왜 안 올까?

자주　often, frequently　≠ 가끔

4

기　　사 : 어디로 해서 갈까요?

죤　　슨 : 글쎄요. 종로로 해서 가는 게 빠르지 않아요?

기　　사 : 이 시간에는 차가 많이 밀립니다.

죤　　슨 : 그럼 복잡하지 않은 길로 갑시다.

기　　사 : 올림픽대로로 가는 게 더 빠릅니다.

죤　　슨 : 그 길로 가면 좀 도는 거 아니에요?

밀리다　to be heavy, to be slow
돌다　　go in a roundabout way;
　　　　turn; revolve

복잡하다　crowded, congested [of roads; otherwise = complicated]

↓
할어니가
돌아가셨습니다
grandmother dead

5

오늘은 눈이 왔습니다.

눈이 오지만 할 일이 많아서 차를 몰고 나갔습니다.

길은 별로 미끄럽지 않았습니다.

시내로 나가니까 차가 밀리기 시작했습니다.

순경들이 나와서 교통 정리를 하고 있었습니다.

조금 가다가 멈추고 조금 가다가 또 멈추었습니다.

가지도 못하고 내리지도 못하고 고생을 했습니다.

참 지루했습니다.

경찰서 precinct
경찰

몰다	to drive (it)	미끄럽다	slippery	순경	policeman, "bobbie"
교통 정리	traffic regulation	멈추다	(it) stops; stop (it)	지루하다	(it) is boring, tedious

고생을 하다
suffer

→ 교통 정리 하다
[정니]

교통 사고
traffic accident
사고가 나다

Lesson 12
Traffic

1

Mr. Johnson intends to go to the Seoul Sports Complex.

Johnson	:	What number bus do you have to take [if you intend] to get to the Seoul Sports Complex?
Passerby	:	Take the number 15 for a while, then change at Uljiro.
Johnson	:	Isn't there a bus that goes directly from here?
Passerby	:	There isn't a bus, but there is the subway.

2

Mr. Kim	:	Where are you going, Mr. Johnson?
Mr. Johnson	:	I'm on my way now to watch some baseball.
Mr. Kim	:	So you must be going to the Seoul Sports Complex!
Mr. Johnson	:	Yes. And where are you going, Mr. Kim?
Mr. Kim	:	I'm going that way, too.
Mr. Johnson	:	This has turned out well [just right]. [=Good thing I ran into you.] I don't know the way, and was about to ask somebody.

3

Mr. Johnson and Mr. Kim are buying their subway tickets.

Mr. Johnson	:	There are so many people buying tickets, we'll have to wait quite a while.
Mr. Kim	:	Let's [agree to/decide to] go over to that automatic vending machine over there.
Mr. Johnson	:	There's long line of people [standing] here, too.
Mr. Kim	:	That's because it's the evening rush hour [=it's the time when every body is leaving work for home].
Mr. Johnson	:	How often [every how many minutes] do the subway trains come?
Mr. Kim	:	They usually come frequently… I wonder why it's not coming.

4

Driver	:	Which route do you want me to take [Which direction shall I go in]?
Johnson	:	See, let me think. Isn't it faster to go by way of Chongno?
Driver	:	At this hour the cars are very backed up.
Johnson	:	Then let's take a less congested way.
Driver	:	It's faster to go along the Olympic Highway.
Johnson	:	Isn't going somewhat out of the way if you take that road?

5

It snowed today.

It was snowing, but I had many things to do, so I went out in the car [went out driving the car].

The roads weren't particularly slippery.

When I got to the downtown, the cars started to back up.

Policemen appeared and were regulating the traffic.

I proceeded a bit, then stopped, then proceeded another bit, and stopped again.

I could neither go [=make forward progress] nor get out [of the car], and had a really tough time of it ["suffered"].

I was really boring.

문 법

12. 1 G1 -(으)려면

• This connective ending attaches to verb stems and expresses a combination of the intentional or intentive pattern in -(으)려고 하다 and the conditional in -(으)면. Thus, it means "if one intends to do…"

예: 물건을 싸게 사려면 큰 시장에 가야 합니다.	If you want to buy things cheap[ly], you have to go to big markets.
그분을 만나려면 오전에 가십시오.	If you want to meet him, go before lunch.
제 시간에 가려면 일찍 떠나야 합니다.	If you want to get there on time, you must leave early.
살을 빼려면 운동을 하십시오.	If you want to lose weight, do exercise.
호랑이를 잡으려면 산에 가야 해요.	If you want to catch a tiger, you have to go to the mountains.

12. 1 G2 -다가

• This attaches to a verb stem and expresses the idea that the action of the first clause is somehow interrupted or not completed, and a new action, the action expressed in the following clause, comes about. In such cases, the subject of both clauses must be identical.

• Note that if a tense suffix precedes -다가, the meaning of the pattern changes.

예: 학교에 가다가 친구를 만났어요.　　On my way to school, I met a friend. [I was going to school, but then that activity was interrupted by meeting my friend.]

비가 오다가 그쳤습니다.　　It was raining, but then it stopped.

밥을 먹다가 전화를 받았어요.　　I was in the middle of eating when I had to answer the phone [I was eating when suddenly that activity was interrupted by having to answer the phone.]

텔레비전을 보다가 잤어요.　　I fell asleep watching television.

일하다가 뭘 생각하세요?　　What sort of thoughts occur to you when you're working?

12. 2 G1 -는 길이다

• This attaches to verbs of motion like 가다 and 오다 and expresses the idea of an action in progress. "One is just in the course of …ing, one is in the process of …ing."

예: 지금 은행에 가는 길입니다.　　I'm on my way to the bank.

일을 끝내고 돌아오는 길입니다.　　I'm just on my way back from finishing work.

선생님을 뵈러 오는 길입니다.　　I was ["am"] just on my way to come and see you.

• This pattern can be used in conjunction with the particle 에 and the connective endings -(으)니까 and -(으)ㄴ데.

예: 퇴근하는 길에 한잔합시다.　　Let's have a drink on our way home from work.

지금 나가는 길이니까 밖에서 만나요.	I'm just on my way out the door now, so let's meet outside.
시장에 가는 길인데 부탁할 거 없어요?	I'm on my way to the market—isn't there any favor I can do for you?

12. 2 G2 -는데요 /-(으)ㄴ데요

• This is a final ending formed by attaching 요 to the connective ending -는데. (See 7.2 G1)

The connective ending -는데 is used to show that the preceding clause forms a kind of background for the following clause, whereas -는데요 is used when the contents of the following clause have already been presented or can be deleted.

예:	김 선생: 하나 사시려고요?	*Mr. Kim* :	Are you goint to buy one?
	박 선생: 돈이 모자라는데요.	*Mr. Pak* :	I'm afraid I don't have enough money.
	김 선생: 오늘 저녁에 그 영화를 보러 갈까요?	*Mr. Kim* :	Shall we go to see that movie this evening?
	박 선생: 나는 벌써 보았는데요.	*Mr. Pak* :	I've afraid I've already seen it.
	김 선생: 일을 다 끝냈습니다.	*Mr. Kim* :	I've finished all the work.
	박 선생: 제가 도와 드리려고 했는데요.	*Mr. Pak* :	See, and I was intending to help you.

음식이 없군요. 더 먹으려고 했는데요.	So there's no food, I see! Too bad, I was going to eat some more.
값이 비쌉니다. 물건이 좋지 않은데요.	It is expensive. [But] the merchandise is no good, I am afraid.

12. 3 G1 **Negated Sentences**

• The negative forms differ according to the type of verb, and even one and the same verb can have either a long-form negative or a short-form negative, depending on the structure of the sentence it is being used in. This is illustrated below (see also 1.2G3):

Verb	Declarative/Interrogative	Imperative/Propositive
action verb	-지 않다 / -지 못하다 안- / 못-	-지 말다
quality verb	-지 않다 / 안-	
copula	-이 / 가 아니다	

예: 그 음식이 내 입에 맞지 않습니다.   That food doesn't suit my tastes.

다음 정류장에서 내리지 않습니까?   Aren't you getting off at the next stop?

전철을 기다리는 사람이 많지 않습니다.   There are not many people waiting for the train.

요즘은 바빠서 친구를 만나지 못 합니다.   I'm busy nowadays, so I am not able to meet my friends.

전화가 고장나서 연락하지 못 했어요.   The phone was out of order, so I was unable to contact you.

왜 일찍 떠나지 못했습니까?   Why weren't you able to leave early?

잠이 안 와요.   I can't sleep. ["sleep doesn't come"]

잘 안 들리니까 크게 말씀해 주세요.   I can't hear you ["well"], so please speak louder. ["it is not well audible, so…"]

아버지는 집에 안 계신데요.   I'm afraid my father isn't at home.

오늘은 일이 많아서 못 가요.	I have a lot of work today, so I can't go.
매운 음식은 못 먹어요?	Can't you eat spicy food?
안경이 없으면 책을 못 읽어요.	If I don't have my glasses, I can't read [books].
약속을 잊어버리지 마십시오.	Please don't forget the appointment.
건물 안에서는 담배를 피우지 마십시오.	Please do not smoke inside the building.
휴지는 아무데나 버리지 맙시다.	Please do not throw waste paper around ["any place"].
우리는 미국 사람이 아닙니다.	We are not American.
이것은 그 사람 것이 아니고 내 것입니다.	This is not his, but mine.
이건 외제가 아닙니다.	This is not foreign-made.

• In the case of verbal nouns followed by 하다 to make a new verb, 안 하다 and 못 하다 follow the object particle 을/를.

예: 운동을 안 하니까 뚱뚱해 져요.	Since I'm not doing any exercise, I'm getting fat.
화가 나면 말을 안 해요.	when ["If"] he gets angry, he doesn't talk.
술을 마셔서 운전을 못 해요.	I've had something to drink [alcoholic], so I can't drive.

12. 4 G1 -(으)로 해서

• This attaches to nouns denoting places and means "via; by way of."

예: 일본으로 해서 한국에 왔습니다.   I came to Korea by way of Japan.

시장으로 해서 집에 가요.   Go home by way of the market.

어디로 해서 가는 것이 빠릅니까?   Which way would be best to go? ["Going by way of where would be good?"]

정문으로 해서 갈까요? 후문으로 해서 갈까요?   Shall we go by way of the main gate? Or shall we go by way of the rear gate?

층계로 해서 올라갑시다.   Let's take the stairs. ["Let's go up by way of the stairs."]

12. 4 G2 -보다

• This particle indicates the object of a comparison, and is translated by English "than".

예: 택시가 버스보다 편해요.   Texis are more convenient than buses.

동생이 언니보다 커요.   My younger brother is bigger than my older sister.

돈보다 건강이 중요해요.   Health is more important than money.

이것보다 좀 싼 것으로 주세요.   Please give me something cheaper than this one.

빵보다 밥을 더 많이 먹어요.   We eat rice more than bread.

12.5 G1 -고 있었다

• This attaches to action verb stems and expresses a past progressive.

예: 지금까지 뭘 하고 있었어요?　　　What were you doing until [just] now?

선생님이 설명할 때 나는 다른　　　When the teacher explained, I was
생각을 하고 있었어요.　　　　　　thinking other thoughts.

우리가 의논하는 동안 그는 밖에서 While we were discussing, he was waiting
기다리고 있었습니다.　　　　　　outside.

문을 여니까 두 사람이 무슨　　　When I opened the door, the two of them
이야기를 하고 있었어요.　　　　　were talking about something.

버스를 기다리고 있었을 때　　　　When I was waiting for the bus, suddenly
갑자기 소나기가 쏟아졌어요.　　　a rain-shower poured down.

유형 연습

12. 1 D1

(보기) 선 생 : 한국말을 유창하게 합니다 / 열심히 연습합니다.
　　　 학 생 : 한국말을 유창하게 하려면 열심히 연습해야 합니다.

1) 선 생 : 신문을 읽습니다 / 한자를 압니다.
　 학 생 : 신문을 읽으려면 한자를 알아야 합니다.

2) 선 생 : 잠실에 갑니다 / 지하철 2호선을 탑니다.
　 학 생 : 잠실에 가려면 지하철 2호선을 타야 합니다.

3) 선 생 : 도서관에 들어갑니다 / 학생증이 있습니다.
　 학 생 : 도서관에 들어가려면 학생증이 있어야 합니다.

4) 선 생 : 해외 여행을 합니다 / 여권을 만듭니다.
　 학 생 : 해외 여행을 하려면 여권을 만들어야 합니다.

5) 선 생 : 건강해집니다 / 담배를 끊습니다.
　 학 생 : 건강해지려면 담배를 끊어야 합니다.

12. 1 D2

(보기) 선 생 : 덕수궁에 가려면 어디에서 내려야 합니까? (시청 앞)
　　　 학 생 : 덕수궁에 가려면 시청 앞에서 내려야 합니다.

1) 선 생 : 성적표를 받으려면 어디로 가야 합니까? (사무실)
　 학 생 : 성적표를 받으려면 사무실로 가야 합니다.

2) 선 생 : 비자를 받으려면 어디에 가야 합니까? (대사관)
　　학 생 : 비자를 받으려면 대사관에 가야 합니다.

3) 선 생 : 제시간에 도착하려면 몇 시에 출발해야 합니까? (열 시)
　　학 생 : 제시간에 도착하려면 열 시에 출발해야 합니다.

4) 선 생 : 책을 빌리려면 어디에 가야 합니까? (도서관)
　　학 생 : 책을 빌리려면 도서관에 가야 합니다.

5) 선 생 : 김 선생님을 만나려면 언제 와야 합니까? (다섯 시 전)
　　학 생 : 김 선생님을 만나려면 다섯 시 전에 와야 합니다.

12. 1　D3

(보기) 선 생 : 공부를 합니다 / 쉬어요.
　　　　학 생 : 공부를 하다가 쉬어요.

1) 선 생 : 붓글씨를 배웁니다 / 그만두었어요.　*calligraphy*
　　학 생 : 붓글씨를 배우다가 그만두었어요.

2) 선 생 : 소설책을 읽습니다 / 잤어요.
　　학 생 : 소설책을 읽다가 잤어요.

3) 선 생 : 아침식사를 합니다 / 전화를 받았어요.
　　학 생 : 아침식사를 하다가 전화를 받았어요.

4) 선 생 : 계단을 내려갑니다 / 넘어졌어요.　*stairs*
　　학 생 : 계단을 내려가다가 넘어졌어요.

5) 선 생 : 영화를 봅니다 / 지루해서 밖으로 나왔어요.
　　학 생 : 영화를 보다가 지루해서 밖으로 나왔어요.

12.1 D4

(보기) 선 생 : 어제 집에 가다가 어디에 들렀습니까? (대사관)
　　　　학 생 : 어제 집에 가다가 대사관에 들렀습니다.

1) 선 생 : 학교에 오다가 누구를 만났습니까? (고등학교 후배)
　 학 생 : 학교에 오다가 고등학교 후배를 만났습니다.

2) 선 생 : 어제 일하다가 어디에 갔습니까? (매점)
　 학 생 : 어제 일하다가 매점에 갔습니다.

3) 선 생 : 공부를 하다가 무슨 생각을 합니까? (가족)
　 학 생 : 공부를 하다가 가족 생각을 합니다.

4) 선 생 : 연희동에 살다가 언제 한남동으로 이사갔습니까? (작년)
　 학 생 : 연희동에 살다가 작년에 한남동으로 이사갔습니다.

5) 선 생 : 회의를 하다가 왜 나갔습니까? (전화가 와서)
　 학 생 : 회의를 하다가 전화가 와서 나갔습니다.

12.1 D5

(보기) 선 생 : 조금만 더 기다립니다 / 곧 돌아오십니다.
　　　　학 생 : 조금만 더 기다리세요. 곧 돌아오실 거에요.

1) 선 생 : 지하철을 탑니다 / 버스보다 빠릅니다.
　 학 생 : 지하철을 타세요. 버스보다 빠를 거에요.

2) 선 생 : 이 구두를 신어 봅니다 / 맞습니다.
　 학 생 : 이 구두를 신어 보세요. 맞을 거에요.

3) 선 생 : 빨간색을 삽니다 / 잘 어울립니다.
　 학 생 : 빨간색을 사세요. 잘 어울릴 거에요.

4) 선 생 : 자꾸 연습합니다 / 발음이 좋아집니다.
   학 생 : 자꾸 연습하세요. 발음이 좋아질 거에요.

5) 선 생 : 시장에 가 봅니다 / 백화점보다 쌉니다.
   학 생 : 시장에 가 보세요. 백화점보다 쌀 거에요.

12.2 D1

(보기) 선 생 : 약국에 갑니다.
      학 생 : 약국에 가는 길입니다.

1) 선 생 : 은행에 갑니다.
   학 생 : 은행에 가는 길입니다.

2) 선 생 : 집에 돌아갑니다.
   학 생 : 집에 돌아가는 길입니다.

3) 선 생 : 회사에서 돌아옵니다.
   학 생 : 회사에서 돌아오는 길입니다.

4) 선 생 : 밖에 나갑니다.
   학 생 : 밖에 나가는 길입니다.

5) 선 생 : 2층에 올라갑니다.
   학 생 : 2층에 올라가는 길입니다.

12.2 D2

(보기) 선 생 : 어디 가시는 길이에요? (친구를 만나다 / 시내)
      학 생 : 친구를 만나러 시내에 가는 길이에요.

1) 선 생 : 어디 가시는 길이에요? (연극을 보다 / 대학로)
   학 생 : 연극을 보러 대학로에 가는 길이에요.

2) 선 생 : 어디 가시는 길이에요? (편지를 부치다 / 우체국)
   학 생 : 편지를 부치러 우체국에 가는 길이에요.

3) 선 생 : 어디 가시는 길이에요? (교수님을 뵈다 / 연구실)
   학 생 : 교수님을 뵈러 연구실에 가는 길이에요.

4) 선 생 : 어디 가시는 길이에요? (사진을 찍다 / 경복궁)
   학 생 : 사진을 찍으러 경복궁에 가는 길이에요.

5) 선 생 : 어디 가시는 길이에요? (오빠 생일 선물을 사다 / 명동)
   학 생 : 오빠 생일 선물을 사러 명동에 가는 길이에요.

12.2   D3

(보기) 선 생 : 옷을 삽니다 / 할인판매를 시작했습니다.
       학 생 : 옷을 사려고 했는데 마침 할인판매를 시작했습니다.

1) 선 생 : 택시를 탑니다 / 빈 택시가 왔습니다.
   학 생 : 택시를 타려고 했는데 마침 빈 택시가 왔습니다.

2) 선 생 : 우산을 삽니다 / 비가 그쳤습니다.
   학 생 : 우산을 사려고 했는데 마침 비가 그쳤습니다.

3) 선 생 : 은행에 가서 돈을 찾습니다 / 어머니께서 용돈을 주셨습니다.
   학 생 : 은행에 가서 돈을 찾으려고 했는데 마침 어머니께서 용돈을 주셨습니다.

4) 선 생 : 선생님께 질문합니다 / 선생님이 다시 설명하셨습니다.
   학 생 : 선생님께 질문하려고 했는데 마침 선생님이 다시 설명하셨습니다.

5) 선 생 : 친구에게 전화를 겁니다 / 친구한테서 전화가 왔습니다.
   학 생 : 친구에게 전화를 걸려고 했는데 마침 친구한테서 전화가 왔
   습니다.

12.2 D4

(보기) 선 생 : 제 차를 타고 가세요. (시간이 없어서 택시를 타다)
       학 생 : 마침 잘 됐습니다. 시간이 없어서 택시를 타려고 했
       는데요.

1) 선 생 : 이 빵 좀 잡수세요. (배가 고파서 식당에 가다)
   학 생 : 마침 잘 됐습니다. 배가 고파서 식당에 가려고 했는데요.

2) 선 생 : 커피 한 잔 드세요. (추워서 따뜻한 것을 마시려고 했다)
   학 생 : 마침 잘 됐습니다. 추워서 따뜻한 것을 마시려고 했는데요.

3) 선 생 : 이 책꽂이를 쓰시겠어요? (하나 필요해서 사다)
   학 생 : 마침 잘 됐습니다. 하나 필요해서 사려고 했는데요.

4) 선 생 : 모르는 게 있으면 물어보세요. (모르는 단어가 많아서 여쭈어
   보다)
   학 생 : 마침 잘 됐습니다. 모르는 단어가 많아서 여쭈어 보려고 했는
   데요.

5) 선 생 : 산책하러 나갈까요? (심심해서 나가다)
   학 생 : 마침 잘 됐습니다. 심심해서 나가려고 했는데요.

12.3 D1

(보기) 선 생 : 피곤합니다 / 쉽니다.
       학 생 : 피곤해서 쉬어야겠습니다.

1) 선 생 : 돈이 모자랍니다 / 친구한테서 꿉니다.
   학 생 : 돈이 모자라서 친구한테서 꾸어야겠습니다.

2) 선 생 : 일이 많습니다 / 약속을 취소합니다.
   학 생 : 일이 많아서 약속을 취소해야겠습니다.

3) 선 생 : 방이 더럽습니다 / 청소합니다.
   학 생 : 방이 더러워서 청소해야겠습니다.

4) 선 생 : 머리가 깁니다 / 좀 자릅니다.
   학 생 : 머리가 길어서 좀 잘라야겠습니다.

5) 선 생 : 땀을 많이 흘립니다 / 목욕을 합니다.
   학 생 : 땀을 많이 흘려서 목욕을 해야겠습니다.

12.3   D2

(보기) 선 생 : 시간이 늦습니다 / 택시를 타십니다.
       학 생 : 시간이 늦어서 택시를 타셔야겠어요.

1) 선 생 : 할 일이 많습니다 / 밤을 새우십니다.
   학 생 : 할 일이 많아서 밤을 새우셔야겠어요.

2) 선 생 : 손님이 많습니다 / 오래 기다리십니다.
   학 생 : 손님이 많아서 오래 기다리셔야겠어요.

3) 선 생 : 날씨가 추워집니다 / 건강에 주의하십니다.
   학 생 : 날씨가 추워져서 건강에 주의하셔야겠어요.

4) 선 생 : 직접 가는 버스가 없습니다 / 갈아 타십니다.
   학 생 : 직접 가는 버스가 없어서 갈아 타셔야겠어요.

5) 선 생 : 길이 미끄럽다 / 조심하십니다.
   학 생 : 길이 미끄러워서 조심하셔야겠어요.

12.3　D3

(보기) 선 생 :　지하철을 타시겠습니까? (길이 막히다)
　　　　학 생 :　예, 길이 막혀서 지하철을 타야겠어요.

1) 선 생 :　먼저 가시겠습니까? (친구가 기다리다)
　 학 생 :　예, 친구가 기다려서 먼저 가야겠어요.

2) 선 생 :　청소를 해야합니까? (먼지가 많다)
　 학 생 :　예, 먼지가 많아서 청소를 해야겠어요.

3) 선 생 :　오전에 출발하십니까? (시간이 많이 걸리다)
　 학 생 :　예, 시간이 많이 걸려서 오전에 출발해야겠어요.

4) 선 생 :　내일 일찍 와야 합니까? (준비할 것이 많다)
　 학 생 :　예, 준비할 것이 많아서 내일 일찍 오셔야겠어요.

5) 선 생 :　지금 책을 돌려 드려야 합니까? (볼 것이 있다)
　 학 생 :　예, 볼 것이 있어서 지금 책을 돌려 주셔야겠어요.

12.3　D4

(보기) 선 생 :　이건 값이 꽤 비싼데요. (수입품이다)
　　　　학 생 :　수입품이기 때문에 그래요.

1) 선 생 :　요즘 감기 환자가 많은데요. (환절기이다)
　 학 생 :　환절기이기 때문에 그래요.

2) 선 생 :　비가 자주 오는데요. (장마철이다)
　 학 생 :　장마철이기 때문에 그래요.

3) 선 생 :　이 식당은 항상 만원인데요. (음식이 맛있고 싸다)
　 학 생 :　음식이 맛있고 싸기 때문에 그래요.

4) 선 생 : 여기는 공기가 참 좋은데요. (근처에 산이 있다)
   학 생 : 근처에 산이 있기 때문에 그래요.

5) 선 생 : 차가 많이 밀렸는데요. (사고가 났다)
   학 생 : 사고가 났기 때문에 그래요.

12. 3   D5

(보기) 선 생 : 돌아오실 시간입니다 / 안 오십니다.
       학 생 : 돌아오실 시간인데 왜 안 오실까?

1) 선 생 : 주말에 푹 쉬었습니다 / 피곤합니다.
   학 생 : 주말에 푹 쉬었는데 왜 피곤할까?

2) 선 생 : 열심히 노력합니다 / 성적이 안 오릅니다.
   학 생 : 열심히 노력하는데 왜 성적이 안 오를까?

3) 선 생 : 편지를 보냈습니다 / 답장이 안 옵니다.
   학 생 : 편지를 보냈는데 왜 답장이 안 올까?

4) 선 생 : 약을 먹었습니다 / 좋아지지 않습니다.
   학 생 : 약을 먹었는데 왜 좋아지지 않을까?

5) 선 생 : 봄입니다 / 이렇게 춥습니다.
   학 생 : 봄인데 왜 이렇게 추울까?

12. 4   D1

(보기) 선 생 : 종로 / 동대문운동장
       학 생 : 종로로 해서 동대문운동장으로 가요.

1) 선 생 : 시청 앞 / 서울역
   학 생 : 시청 앞으로 해서 서울역으로 가요.

2) 선 생 : 금화터널 / 창경궁
   학 생 : 금화터널로 해서 창경궁으로 가요.

3) 선 생 : 대전 / 부산
   학 생 : 대전으로 해서 부산으로 가요.

4) 선 생 : 홍콩 / 방콕
   학 생 : 홍콩으로 해서 방콕으로 가요.

5) 선 생 : 하와이 / L. A.
   학 생 : 하와이로 해서 L. A. 로 가요.

12. 4 D2

(보기) 선 생 : 이 기차 어디로 해서 가요? (대구)
       학 생 : 대구로 해서 가요.

1) 선 생 : 이 버스 어디로 해서 가요? (남대문시장 앞)
   학 생 : 남대문시장 앞으로 해서 가요.

2) 선 생 : 이 마을버스 어디로 해서 가요? (연대 정문 앞)   *town bus*
   학 생 : *연대 정문 앞으로 해서 가요.
           YONSEI front gate   금행 버스
                                                        express bus
3) 선 생 : 이 좌석버스 어디로 해서 가요? (이대 앞)   *bus w/ seats*
   학 생 : *이대 앞으로 해서 가요.
           EWHA

4) 선 생 : 이 비행기 어디로 해서 가요? (앵커리지)
   학 생 : 앵커리지로 해서 가요.

5) 선 생 : 이 차 어디로 해서 가요? (종로 1가)
   학 생 : 종로 1가로 해서 가요.

*YONSEI

12. 4 D3

(보기) 선 생 : 이따가 김 선생님 댁에 놀러 갈까요? (먼저 전화를
　　　　　　　　하다 / 좋다)
　　　　학 생 : 먼저 전화를 하는 게 좋지 않아요?

1) 선 생 : 유형부터 공부합시다. (단어를 먼저 공부하다 / 쉽다)
　 학 생 : 단어를 먼저 공부하는 게 쉽지 않아요?

2) 선 생 : 한잔하러 갑시다. (식사를 먼저 하다 / 좋다)
　 학 생 : 식사를 먼저 하는 게 좋지 않아요?

3) 선 생 : 집안 청소를 시작합시다. (설거지를 먼저 하다 / 낫다)
　 학 생 : 설거지를 먼저 하는 게 낫지 않아요?

4) 선 생 : 죤슨 씨에게 한국 친구를 소개해 줄까요? (먼저 죤슨 씨에게
　　　　　　물어보다 / 좋다)
　 학 생 : 먼저 죤슨 씨에게 물어보는 게 좋지 않아요?

5) 선 생 : 친구 집에 놀러 가야겠습니다. (먼저 숙제를 끝내다 / 마음이
　　　　　　편하다)
　 학 생 : 먼저 숙제를 끝내는 게 마음이 편하지 않아요?

12. 4 D4

(보기) 선 생 : 우리 집 / 박 선생님 댁 / 가깝습니다.
　　　　학 생 : 우리 집이 박 선생님 댁보다 (더) 가깝습니다.

1) 선 생 : 운동화 / 구두 / 편합니다.
　 학 생 : 운동화가 구두보다 (더) 편합니다.

2) 선 생 : 언니 / 동생 / 부지런합니다.
　 학 생 : 언니가 동생보다 (더) 부지런합니다.

3) 선 생 : 건강 / 돈 / 중요합니다.
　 학 생 : 건강이 돈보다 (더) 중요합니다.

4) 선 생 : 말하기 / 쓰기 / 어렵습니다.
　 학 생 : 말하기가 쓰기보다 (더) 어렵습니다.

5) 선 생 : 주말 / 평일 / 복잡합니다.
　 학 생 : 주말이 평일보다 (더) 복잡합니다.

12. 4 D5

(보기) 선 생 : 말하기가 쉬워요? 듣기가 쉬워요? (말하기)
　　　 학 생 : 말하기가 듣기보다 (더) 쉬워요.

1) 선 생 : 단독주택이 편리해요? 아파트가 편리해요? (아파트)
　 학 생 : 아파트가 단독주택보다 (더) 편리해요.

2) 선 생 : 산이 좋아요? 바다가 좋아요? (산)
　 학 생 : 산이 바다보다 (더) 좋아요.

3) 선 생 : 불고기가 비싸요? 갈비가 비싸요? (갈비)
　 학 생 : 갈비가 불고기보다 (더) 비싸요.

4) 선 생 : 수학이 재미있어요? 영어가 재미있어요? (수학)
　 학 생 : 수학이 영어보다 (더) 재미있어요.

5) 선 생 : 노란색이 마음에 들어요? 파란색이 마음에 들어요? (파란색)
　 학 생 : 파란색이 노란색보다 (더) 마음에 들어요.

12.4 D6

(보기) 선 생 : 한 시간 후에 떠날까요? (약속 시간에 늦다)
　　　　학 생 : 한 시간 후에 떠나면 약속 시간에 늦는 거 아니에요?

1) 선 생 : 이거 100,000원인데요. (비싸다)
　　학 생 : 이거 100,000원이면 비싼 거 아니에요?

2) 선 생 : 10인 분을 준비할까요? (모자라다)
　　학 생 : 10인 분을 준비하면 모자라는 거 아니에요?

3) 선 생 : 밤 열 시에 전화하세요. (실례가 되다)
　　학 생 : 밤 열 시에 전화하면 실례가 되는 거 아니에요?

4) 선 생 : 열이 나고 기침이 나요. (감기에 걸렸다)
　　학 생 : 열이 나고 기침이 나면 감기에 걸린 거 아니에요?

5) 선 생 : 읽기 점수가 85점인데요. (잘 했다)
　　학 생 : 읽기 점수가 85점이면 잘 한 거 아니에요?

12.5 D1

(보기) 선 생 : 요즘 바쁘세요?
　　　　학 생 : 아니오, 별로 바쁘지 않아요.

1) 선 생 : 지난 번 시험이 어려웠어요?
　　학 생 : 아니오, 별로 어렵지 않았어요.

2) 선 생 : 남동생이 키가 커요?
　　학 생 : 아니오, 별로 크지 않아요.

3) 선 생 : 그 음식 매워요?
　　학 생 : 아니오, 별로 맵지 않아요.

4) 선 생 : 서울에서 인천이 멀어요?

   학 생 : 아니오, 별로 멀지 않아요.

5) 선 생 : 발음 연습을 많이 하셨어요?

   학 생 : 아니오, 별로 많이 하지 않았어요.

12.5 D2

(보기) 선 생 : 조금 전에 뭘 하고 있었습니까? (편지를 쓰다)

   학 생 : 조금 전에 편지를 쓰고 있었습니다.

1) 선 생 : 한 시간 전에 뭘 하고 있었습니까? (옷장을 정리하다)

   학 생 : 한 시간 전에 옷장을 정리하고 있었습니다.

2) 선 생 : 점심 시간에 우체국에서 뭘 하고 있었습니까? (소포를 부치다)

   학 생 : 점심 시간에 우체국에서 소포를 부치고 있었습니다.

3) 선 생 : 어제 수업이 끝난 후에 학교 앞에서 뭘 하고 있었습니까? (친구를 기다리다)

   학 생 : 어제 수업이 끝난 후에 학교 앞에서 친구를 기다리고 있었습니다.

4) 선 생 : 친구가 놀러 왔을 때 뭘 하고 있었습니까? (저녁 준비를 하다)

   학 생 : 친구가 놀러 왔을 때 저녁 준비를 하고 있었습니다.

5) 선 생 : 아까 전화했을 때 뭘 하고 있었습니까? (신문을 보다)

   학 생 : 아까 전화했을 때 신문을 보고 있었습니다.

12.5 D3

(보기) 선 생 : 부모님께 연락하셨어요? (편지를 쓰다 / 전화를 하다)
　　　 학 생 : 아니오, 편지를 쓰지도 못하고 전화를 하지도 못했
　　　　　　　 어요.

1) 선 생 : 방학 동안 잘 지내셨어요? (쉬다 / 여행을 가다)
　 학 생 : 아니오, 쉬지도 못하고 여행을 가지도 못했어요.

2) 선 생 : 한국말을 하실 수 있어요? (읽다 / 쓰다)
　 학 생 : 아니오, 읽지도 못하고 쓰지도 못해요.

3) 선 생 : 그 테이프를 준비하셨어요? (사다 / 빌리다)
　 학 생 : 아니오, 사지도 못하고 빌리지도 못했어요.

4) 선 생 : 고향에 돌아갈 준비가 다 됐어요? (짐을 싸다 / 비행기표를
　　　　　 사다)
　 학 생 : 아니오, 짐을 싸지도 못하고 비행기표를 사지도 못했어요.

5) 선 생 : 그분을 만나셨어요? (얼굴을 보다 / 이름을 듣다)
　 학 생 : 아니오, 얼굴을 보지도 못하고 이름을 듣지도 못했어요.

제 13 과

우 체 국

①

존　슨 : 오늘 저한테 뭐 온 거 없습니까?

아주머니 : 편지가 와서 책상에 갖다 놓았어요.

존　슨 : 누구한테서 왔을까?

아주머니 : 편지를 자주 받는 걸 보니까 친구가 많은 것 같아요.

존　슨 : 제가 답장을 잘 쓰니까 그렇지요.

아주머니 : 어서 들어가 보세요.

갖다　　　　to take and... [transfer the object somehow]　　　답장　　a reply to a letter
들어가다　to go into
들어오다 to come into

2

아주머니 : 어디 나가세요?

죤   슨 : 우체국에 좀 갔다가 오겠습니다.

아주머니 : 소포를 부치러 가시는군요.

죤   슨 : 다음 달에 친구가 결혼을 합니다.

　　　　　빨리 보내려면 국제우체국으로 가야겠지요?

아주머니 : 그럼요.

　　　　　그렇지만 가까운 우체국에 가도 돼요.

우체국	post office	소포	parcel	부치다	to mail, send
결혼하다	to get married	국제우체국	International Post Office	가깝다	close, nearby

3

죤   슨 : 이걸 좀 부치려고 하는데요.

직   원 : 여기 놓으세요.

　　　　　그런데 뭐가 들었습니까?

죤   슨 : 도자기입니다.

놓다	to put	도자기	vase, ceramic ware

꽃병 flower vase
주전자 kettle
항아리 jar OR 독

장독대
↑ where 독 's

with 간장 된장 고추장 김치

직   원 : 포장을 이렇게 하시면 안 됩니다.

깨지기 쉬워요.

죤   슨 : 그럼, 어떻게 하지요?

직   원 : 저쪽에 포장하는 데가 있습니다.

다시 해 가지고 오세요.

also 싸다

포장(하다)   to wrap(up)

*포장지
wrapping paper
편지지
stationary*

깨지다   [it] breaks, gets broken

유리 병이 깨집니다

4

직   원 : 어떻게 보내실 겁니까?

죤   슨 : 항공편으로 보내면 며칠 걸립니까?

직   원 : 한 일 주일쯤 걸립니다.

여기에다가 받으실 분의 주소를 적으세요.

죤   슨 : 이렇게 쓰면 됩니까?

직   원 : 예, 저쪽에서 돈을 내고 영수증을 받아 오세요.

항공편	airmail	걸리다	to take	주소	address
적다	to write	영수증	receipt		

*비행기편
서편 (배편) boat
인편   by person*

*만허증 ID card(license)
학생증 student ID
신분증 ID (i.e. police)*

5

주신 편지 받고 반가웠습니다.

저는 여기 한국 생활에 많이 익숙해졌습니다.

그리고 배우는 것도 많습니다.

그래서 매일 매일의 생활이 얼마나 즐거운지 모릅니다.

친구들을 생각할 때마다 고향이 그립습니다.

참, 두 분의 결혼을 진심으로 축하합니다.

좋은 분을 만난 것 같군요. 참 부럽습니다.

결혼식에 참석하지 못해서 미안합니다.

여기 작은 선물을 보냅니다.

행복하게 사십시오.

반갑다	to be happy, pleased, glad	한국 생활	life in Korea, Korean life
즐겁다	to be enjoyable, pleasing, pleasurable, fun	생각하다	to think
고향	homeland	그립다	[it] gets nostalgic, comes to mind in a wishful/nostalgic way
진심으로	sincerely		
축하하다	to congratulate	부럽다	[it] is enviable or evokes envious thoughts
참석하다	to attend, go to		
선물	present	행복하다	to be happy

뇌물 bribe

조상 ancestor

≠ 불행

참석한 사람 > attendee

참석자

Lesson 13

The post office

1

Johnson	:	Isn't there anything that has come for me today?
Woman	:	A letter came, so I [took it and] put it on your desk.
Johnson	:	I wonder who it is [=came] from.
Woman	:	Judging from how often you receive letters, it seems you have many friends.
Johnson	:	It's because I write back often.
Woman	:	Go on in and take a look.

2

Woman	:	Where are you going [out to]?
Johnson	:	I'm just popping out to the post office.
Woman	:	Oh, I see you're going to mail a parcel.
Johnson	:	Next month a friend [of mine] is getting married. If I want to mail it off quickly, I suppose I'll have to go to the International Post Office.
Woman	:	Of course. But you can also go to a nearby post office.

3

| Johnson | : | I'd like to post this, please. [= I'm intending to post this, but…] |
| Employee | : | Put it here, please. What's inside it? |

Johnson	:	This is a ceramic ware
Employee	:	Please do not wrap in this way. It will easily break.
Johnson	:	Well then, what should I do?
Employee	:	There is a wrapping station over there. Please do it [= wrap it] again and bring it [back].

4

Employee	:	How are you going to send it?
Johnson	:	How many days does it take if you send it by airmail?
Employee	:	It takes about one week. Write down the receiver's address here.
Johnson	:	Is it OK [if I write it] like this?
Employee	:	Yes. Please pay over there and bring back the receipt.

5

I was pleased to receive your letter ["that you gave"]

I have become quite accustomed to life here in Korea. And I am learning a lot.

So the day-to-day life here is incredibly enjoyable.

Every time I think of my friends, I get homesick.

Oh yes, my sincerest congratulations to the two of you on your wedding.

It seems you've met a good person. I'm very envious.

I'm sorry I was unable to attend the wedding ceremony.

I am enclosing ["sending"] herewith a small present.

I wish you every happiness ["Be happy!"].

문 법

13. 1 G1 -어다가

- This attaches to action verb bases and indicates that the action of the preceding clause is continued or logically followed by the action of the following clause. In this case, the ultimate goal of both actions in identical, but the places where the two actions occur are different. Samuel Martin's *Korean Reference Grammar* calls the forms with -어다가 "transferentive," and you can describe all these usages as involving some sort of shift or transfer, whether in time or place, between the actions of the two places.
- The -가 of -어다가 can be omitted.

예: 약을 사다가 먹었어요.	I bought some medicine and took some.
물 좀 끓여다가 주세요.	Please boil some water [and then] give it to me.
과자를 만들어다가 나누어 주었어요.	I made some cookies then divided them up to everybody.
비디오를 빌려다 봤어요.	I borrowed a video and [then] watched it.
화분을 창 옆에 갖다 놓았어요.	I carried the flower pot to the side of the window and placed it there [= I placed the flower pot beside the window].

13. 2 G1 -었다가

- This attaches to verb stems and indicates that the action of the second clause is added or appended or appended to the action of the first clause, *after* the action of the first clause was completed [note the past tense marker!]. In this instance, there are many cases of the action of the second clause returning or reverting to that of the first clause. The number of verbs which can be used in this pattern is restricted (see 12.1 G2).

예: 우체국에 갔다가 왔어요.	I went to the post office [and now I'm back].
집을 샀다가 팔았어요.	I bought a house but then sold it.
이름을 칠판에 썼다가 지웠어요.	He wrote a name on the blackboard but then erased it.
왜 그 옷을 입었다가 벗었습니까?	Why did you take off those clothes just after you've put them on?
지갑을 잃어버렸다가 찾았어요.	[I thought] I lost my wallet, but then I found it [again].

13.2 G2   -어도 되다

• This is an auxiliary verb pattern which expresses permission: "even though one does... it is OK; it becomes/ is fine," i.e. "it is OK if one does; one can/may do."

• You can also use 괜찮다 or 좋다 instead of the verb 되다.

예: 전화 좀 써도 돼요?	How I use your phone?
무엇 좀 물어 봐도 됩니까?	May I ask you something?
일이 없을 땐 일찍 퇴근해도 괜찮습니다.	It's OK if you leave work early, when you have some business to attend to.
시원해서 선풍기가 없어도 괜찮아요.	It's cool ["refreshing"] so we don't need a fan ["it's OK even if we don't have a fan"]
키가 작고 못 생겨도 좋아요?	Is it OK [even] if she is short and ugly?

13.3 G1 -어 가지고   — like 서

• In the first three examples below, this pattern attaches to verb bases and expresses the idea that, after the action of the first clause was or has been completed, it is followed or carried on by the action in the second clause. The topic of both verbs is identical.

예: 내일은 도시락을 싸 가지고 오세요.	Please ["wrap and then"] bring lunch tomorrow.
이력서를 써 가지고 사무실로 오세요.	Please bring your resume to the office.
돈을 벌어 가지고 장가 갈 거에요.	I'm going to earn some money and then get married.
불어를 배워 가지고 취직하려고 합니다.	I intend to learn French and then get a job.
그냥 가지 말고 무엇 좀 사 가지고 갑시다.	Let's buy something ["and then go."]

13.3 G2 -(으)면 안 되다

• This pattern literally means "if you do X, it won't do." Hence, it is used to deny permission or to express "one should not do X."

예: 거짓말 하면 안 됩니다.	One mustn't tell lies ["It won't do to tell lies."]
이 약속은 잊어버리면 안 되는데요.	You mustn't forget this appointment, you know.
교실에서 껌을 씹으면 안 돼요?	Must we not chew gum in the classroom?
술 마시고 운전하면 안 됩니다.	One mustn't drive after drinking.
어른에게는 반말하면 안 됩니다.	One mustn't speak in the Intimate Style to one's elders.

13.4 G1 -에다가

• This attaches to nouns and expresses 1) a transfer of location or position, or 2) the idea of addition: "on top of," "what's more," etc. (See 12.1 G2)

• Both the 가 and the 다가 can be omitted, so that you may use -에다 or -에.

예: 이 병에다가 꽃을 꽂아요. Please stick the flowers in this bottle.

벽에다가 달력을 거세요. Please hang the calendar on the wall.

서랍에다 돈을 두고 왔어요. I left the money in the drawer ["Having put the money into the draw, I then came."]

국에 간장 좀 쳐서 먹어요. Put some soy sauce in your broth before eating it.

둘에다가 셋을 더하면 몇이지요? How much is two plus three? ["How much is it if you add three to two?"]

13.5 G1 -는지 알다 / -(으)ㄴ지 알다

• This is attached to action verb stems to express cognizance of a fact.

• This pattern operates as follows with action verbs, quality verbs and the copula -이다.

Tense	Action Verbs	Quality Verbs/Copula
Present	-는지 알다 / 모르다	-(으)ㄴ지 알다 / 모르다
Past	았 -었는지 알다 / 모르다 였	았 -었는지 알다 / 모르다 였
Future	-(으)ㄹ지 알다 / 모르다	-(으)ㄹ지 알다 / 모르다

예: 지금 몇 시인지 아세요?　　　　　　Do you know what time it is?

공중전화가 어디에 있는지 모르　　I don't know where the public telephone
겠어요.　　　　　　　　　　　　is [or: where there is a public telephone].

오늘 저녁에 손님이 몇 분 오시는지　Please let me know how many guests
알려 주세요.　　　　　　　　　　are coming this evening.

이게 좋은지 저게 좋은지 모르　　I don't know if this is better or [if] that
겠어요.　　　　　　　　　　　　one [is].

이 일이 언제 끝날지 모르겠군요.　I just have no idea when this thing will
　　　　　　　　　　　　　　　　be over.

• -(으)ㄹ지 알다 / 모르다 can be used to express a guess or presumption about currently progressing or past events. In English, it is best translated with "perhaps, maybe" or "probably."

예: 지금 집에 아무도 없을지 몰라요.　There may not be anybody at home now.

지금 그 사람이 이리로 오고　　　He may be on his way here now.
있을지 모릅니다.

벌써 계획을 짰을지 모릅니다.　　He may already have put together the
　　　　　　　　　　　　　　　　plan.

13.5 G2　얼마나 -(으)ㄴ지 모르다

• This attaches to quality verb stems and expresses the meaning "My, how __!" (literally: "I have no idea how __ it is/was!")

• If it is used with an action verb, the action verb must be preceded by an adverb.

예: 봄이 되어서 얼마나 피곤한지　　Now that it has become spring. I'm so
모르겠어요.　　　　　　　　　　tired!

서울의 인구가 얼마나 많은지 몰라요.	The population of Seoul is so large.
그 영화가 얼마나 재미있는지 몰라요.	That movie was [so] incredibly interesting.
지난 밤에 눈이 얼마나 많이 왔는지 모릅니다.	You have no idea how much it snowed last night [= It snowed a lot last night].
교통 사고 때문에 우리가 얼마나 놀랐는지 몰라요.	You have no idea how surprised/shocked we were because of the traffic accident. [We were so shocked...]

유형 연습

13. 1 D1

(보기) 선 생 : 저한테 전화가 왔습니까?
　　　　학 생 : 저한테 전화 온 거 없습니까?

1) 선 생 : 저한테 연락이 왔습니까?
　　학 생 : 저한테 연락 온 거 없습니까?

2) 선 생 : 김 선생님께 잘못을 했습니까?
　　학 생 : 김 선생님께 잘못 한 거 없습니까?

3) 선 생 : 어제 밤에 제가 실수를 했습니까?
　　학 생 : 어제 밤에 제가 실수 한 거 없습니까?

4) 선 생 : 오 선생님, 뭘 잃어버렸습니까?
　　학 생 : 오 선생님, 뭐 잃어버린 거 없습니까?

5) 선 생 : 백화점에서 뭘 사겠습니까?
　　학 생 : 백화점에서 뭐 살 거 없습니까?

13. 1 D2

(보기) 선 생 : 약 좀 삽니다 / 주세요.
　　　　학 생 : 약 좀 사다가 주세요.

1) 선 생 : 도서관에서 책을 빌립니다 / 읽었어요.
　　학 생 : 도서관에서 책을 빌려다가 읽었어요.

2) 선 생 : 심심하면 잡지를 삽니다 / 보세요.

　　학 생 : 심심하면 잡지를 사다가 보세요.

3) 선 생 : 냉장고에서 콜라를 꺼냅니다 / 마셨어요.

　　학 생 : 냉장고에서 콜라를 꺼내다가 마셨어요.

4) 선 생 : 구두를 닦습니다 / 드리겠어요.

　　학 생 : 구두를 닦아다가 드리겠어요.

5) 선 생 : 꽃을 꺾습니다 / 꽃병에 꽂았어요.

　　학 생 : 꽃을 꺾어다가 꽃병에 꽂았어요.

13. 1　D3

　(보기) 선 생 : 그 잡지를 보셨어요? (친구한테서 빌리다)

　　　　학 생 : 예, 친구한테서 빌려다가 봤어요.

1) 선 생 : 등록금을 내셨어요? (은행에서 찾다) *tuition*

　　학 생 : 예, 은행에서 찾아다가 냈어요.

2) 선 생 : 점심 잡수셨어요? (김밥을 사다)

　　학 생 : 예, 김밥을 사다가 먹었어요.

3) 선 생 : 생일 선물을 주었어요? (직접 케이크를 만들다)

　　학 생 : 예, 직접 케이크를 만들어다가 주었어요.

4) 선 생 : 사장님께 서류를 드렸어요? (복사하다)

　　학 생 : 예, 복사해다가 드렸어요.

5) 선 생 : 저기 있는 과일을 드릴까요? (가지다)

　　학 생 : 예, 가져다가 주세요.

13. 1 D4

(보기) 선 생 : 오후에 비가 올 것 같지요? (구름이 많다)
　　　학 생 : 예, 구름이 많은 걸 보니까 오후에 비가 올 것 같아
　　　　　　　요.

1) 선 생 : 그분이 화가 난 것 같지요? (하루종일 말을 하지 않다.)
　 학 생 : 예, 하루종일 말을 하지 않는 걸 보니까 그분이 화가 난 것
　　　　　　같아요.

2) 선 생 : 죤슨 씨에게 여자 친구가 생긴 것 같지요? (요즘 멋을 내다)
　 학 생 : 예, 요즘 멋을 내는 걸 보니까 죤슨 씨에게 여자 친구가 생긴
　　　　　　것 같아요.

3) 선 생 : 이 선생님이 집에 안 계신 것 같지요? (전화를 안 받다)
　 학 생 : 예, 전화를 안 받는 걸 보니까 이 선생님이 집에 안 계신 것
　　　　　　같아요.

4) 선 생 : 영화가 재미있는 것 같지요? (사람이 많다)
　 학 생 : 예, 사람이 많은 걸 보니까 영화가 재미있는 것 같아요.

5) 선 생 : 선생님이 결혼하신 것 같지요? (반지를 끼었다)
　 학 생 : 예, 반지를 낀 걸 보니까 선생님이 결혼하신 것 같아요.

13. 1 D5

(보기) 선 생 : 배가 몹시 고프군요. (드시다)
　　　학 생 : 어서 드세요.

1) 선 생 : 오늘 여섯 시까지 이 일을 끝내야 해요. (하다)
　 학 생 : 어서 하세요.

2) 선 생 : 내일 아침 일찍 일어나야 해요. (주무시다)
   학 생 : 어서 주무세요.

3) 선 생 : 신용카드를 잃어버렸어요. (신고하다.)
   학 생 : 어서 신고하세요.

4) 선 생 : 신라호텔에서 두 시에 약속이 있어요. (서두르다)
   학 생 : 어서 서두르세요.

5) 선 생 : 저… 할 얘기가 있는데요. (말씀하다)
   학 생 : 어서 말씀하세요.

13. 2   D1

(보기) 선 생 : 여름 휴가 때 동해안에 갔습니다 / 왔습니다
       학 생 : 여름 휴가 때 동해안에 갔다가 왔습니다.

1) 선 생 : 창문을 열었습니다 / 닫았습니다
   학 생 : 창문을 열었다가 닫았습니다.

2) 선 생 : 산에 올라갔습니다 / 내려왔습니다
   학 생 : 산에 올라갔다가 내려왔습니다.

3) 선 생 : 밖에 나갔습니다 / 들어왔습니다
   학 생 : 밖에 나갔다가 들어왔습니다.

4) 선 생 : 옷을 입었습니다 / 벗었습니다.
   학 생 : 옷을 입었다가 벗었습니다.

5) 선 생 : 잠깐 앉았습니다 / 일어섰습니다
   학 생 : 잠깐 앉았다가 일어섰습니다.

13. 2   D2

(보기) 선 생 : 조금 전에 어디에 갔다가 왔어요? (세탁소)
　　　　학 생 : 조금 전에 세탁소에 갔다가 왔어요.

1) 선 생 : 아까 누가 왔다가 갔어요? (2급 학생)
　　학 생 : 아까 2급 학생이 왔다가 갔어요.

2) 선 생 : 외출했다가 언제 돌아오셨어요? (한 시간 전쯤)
　　학 생 : 외출했다가 한 시간 전쯤 돌아왔어요.

3) 선 생 : 그 옷을 샀다가 왜 바꿨어요? (좀 커서)
　　학 생 : 그 옷을 샀다가 좀 커서 바꿨어요.

4) 선 생 : TV를 켰다가 왜 껐어요? (재미없어서)
　　학 생 : TV를 켰다가 재미없어서 껐어요.

5) 선 생 : 예약을 했다가 왜 취소했어요? (급한 일이 생겨서)
　　학 생 : 예약을 했다가 급한 일이 생겨서 취소했어요.

13. 2   D3

(보기) 선 생　 : 한국말을 잘 합니다 / 한국 친구를 많이 사귑니다.
　　　　학 생 1 : 한국말을 잘 하려면 한국 친구를 많이 사귀어야겠지요?
　　　　학 생 2 : 예, 한국말을 잘 하려면 한국 친구를 많이 사귀어야 해요.

1) 선 생　 : 아침에 일찍 일어납니다 / 일찍 잡니다.
　　학 생 1 : 아침에 일찍 일어나려면 일찍 자야겠지요?
　　학 생 2 : 예, 아침에 일찍 일어나려면 일찍 자야 해요.

2) 선 생   :   다른 사람 집을 방문합니다 / 먼저 전화합니다.
   학 생 1 :   다른 사람 집을 방문하려면 먼저 전화해야겠지요?
   학 생 2 :   예, 다른 사람 집을 방문하려면 먼저 전화해야 해요.

3) 선 생   :   한국 신문을 읽습니다 / 한자를 배웁니다.
   학 생 1 :   한국 신문을 읽으려면 한자를 배워야겠지요?
   학 생 2 :   예, 한국 신문을 읽으려면 한자를 배워야 해요.

4) 선 생   :   한국 문화를 연구합니다 / 한국말을 배웁니다.
   학 생 1 :   한국 문화를 연구하려면 한국말을 배워야겠지요?
   학 생 2 :   예, 한국 문화를 연구하려면 한국말을 배워야 해요.

5) 선 생   :   배운 단어를 잊어버리지 않습니다 / 자주 씁니다.
   학 생 1 :   배운 단어를 잊어버리지 않으려면 자주 써야겠지요?
   학 생 2 :   예, 배운 단어를 잊어버리지 않으려면 자주 써야 해요.

13. 2   D4

(보기) 선 생 :   담배를 피웁니다.
       학 생 :   담배를 피워도 됩니다.

1) 선 생 :   이 타자기를 씁니다.
   학 생 :   이 타자기를 써도 됩니다.

2) 선 생 :   여기서 기다립니다.
   학 생 :   여기서 기다려도 됩니다.

3) 선 생 :   이 옷을 입어 봅니다.
   학 생 :   이 옷을 입어 봐도 됩니다.

4) 선 생 :   신을 신고 들어갑니다.
   학 생 :   신을 신고 들어가도 됩니다.

5) 선 생 : 내일은 오지 않습니다.
   학 생 : 내일은 오지 않아도 됩니다.

13. 2 D5

(보기) 선 생 : 내일 늦게 와도 돼요?
      학 생 : 예, 내일 늦게 와도 돼요.

1) 선 생 : 선생님, 모레쯤 퇴원해도 돼요?
   학 생 : 예, 모레쯤 퇴원해도 돼요.

2) 선 생 : 지금 퇴근해도 돼요?
   학 생 : 예, 지금 퇴근해도 돼요.

3) 선 생 : 저 운동화를 신어 봐도 돼요?
   학 생 : 예, 저 운동화를 신어 봐도 돼요.

4) 선 생 : 미리 연락하지 않아도 돼요?
   학 생 : 예, 미리 연락하지 않아도 돼요.

5) 선 생 : 의사를 부르지 않아도 돼요?
   학 생 : 예, 의사를 부르지 않아도 돼요.

13. 3 D1

(보기) 선 생 : 지각합니다.
      학 생 : 지각하면 안 됩니다.

1) 선 생 : 거짓말을 합니다.
   학 생 : 거짓말을 하면 안 됩니다.

2) 선 생 : 여기에서 사진을 찍습니다.
   학 생 : 여기에서 사진을 찍으면 안 됩니다.

3) 선 생 : 교실에서 영어로 말합니다.
   학 생 : 교실에서 영어로 말하면 안 됩니다.

4) 선 생 : 교통 신호를 지키지 않습니다.
   학 생 : 교통 신호를 지키지 않으면 안 됩니다.

5) 선 생 : 이 서류를 내일까지 보내지 않습니다.
   학 생 : 이 서류를 내일까지 보내지 않으면 안 됩니다.

13.3 D2

(보기) 선 생 : 복도에서 담배를 피워도 돼요?   *hallway*
       학 생 : 아니오, 복도에서 담배를 피우면 안 돼요.

1) 선 생 : 여기서 좌회전을 해도 돼요?
   학 생 : 아니오, 여기서 좌회전을 하면 안 돼요.

2) 선 생 : 음악회에 아이를 데리고 가도 돼요?
   학 생 : 아니오, 음악회에 아이를 데리고 가면 안 돼요.

3) 선 생 : 이 그림을 만져 봐도 돼요?
   학 생 : 아니오, 이 그림을 만져 보면 안 돼요.

4) 선 생 : 그 회의에 참석하지 않아도 돼요?
   학 생 : 아니오, 그 회의에 참석하지 않으면 안 돼요.

5) 선 생 : 여기에 이름을 쓰지 않아도 돼요?
   학 생 : 아니오, 여기에 이름을 쓰지 않으면 안 돼요.

13.3 D3

(보기) 선 생 : 과일 좀 삽니다 / 최 선생님 댁에 갑시다.
　　　학 생 : 과일 좀 사 가지고 최 선생님 댁에 갑시다.

1) 선 생 : 대화를 외웁니다 / 오십시오.
　　학 생 : 대화를 외워 가지고 오십시오.

2) 선 생 : 음식을 만듭니다 / 소풍을 갑시다.
　　학 생 : 음식을 만들어 가지고 소풍을 갑시다.

3) 선 생 : 선물을 예쁘게 포장하다 / 주었습니다.
　　학 생 : 선물을 예쁘게 포장해 가지고 주었습니다.

4) 선 생 : 기술을 배웁니다 / 취직을 하려고 합니다.
　　학 생 : 기술을 배워 가지고 취직을 하려고 합니다.

5) 선 생 : 저축을 합니다 / 집을 샀습니다.
　　학 생 : 저축을 해 가지고 집을 샀습니다.

13.3 D4

(보기) 선 생 : 어디에서 책을 빌려 가지고 오셨습니까? (국립도서관)
　　　학 생 : 국립도서관에서 책을 빌려 가지고 왔습니다.

1) 선 생 : 시험 볼 때 뭘 준비해 가지고 갑니까? (연필과 지우개)
　　학 생 : 시험 볼 때 연필과 지우개를 준비해 가지고 갑니다.

2) 선 생 : 꽃을 사 가지고 누구에게 주려고 합니까? (여자 친구)
　　학 생 : 꽃을 사 가지고 여자 친구에게 주려고 합니다.

3) 선 생 : 이 서류를 복사해 가지고 누구한테 드릴까요? (이 과장님)
　　학 생 : 이 서류를 복사해 가지고 이 과장님한테 드리십시오.

4) 선 생 : 한국말을 배워 가지고 무엇을 하려고 합니까? (통역원이 되다)
   학 생 : 한국말을 배워 가지고 통역원이 되려고 합니다.

5) 선 생 : 돈을 벌어 가지고 뭘 하려고 합니까? (유학을 가다)
   학 생 : 돈을 벌어 가지고 유학을 가려고 합니다.

13. 4   D1

(보기) 선 생   : 광주까지 기차로 갑니다.
      학 생 1 : 광주까지 기차로 가면 얼마나 걸립니까? (다섯 시간)
      학 생 2 : 한 다섯 시간쯤 걸립니다.

1) 선 생   : 집까지 걸어서 갑니다.
   학 생 1 : 집까지 걸어서 가면 얼마나 걸립니까? (15분)
   학 생 2 : 한 15분쯤 걸립니다.

2) 선 생   : 수원까지 전철로 갑니다.
   학 생 1 : 수원까지 전철로 가면 얼마나 걸립니까? (한 시간)
   학 생 2 : 한 한 시간쯤 걸립니다.

3) 선 생   : 압구정동까지 지하철로 갑니다.
   학 생 1 : 압구정동까지 지하철로 가면 얼마나 걸립니까? (20분)
   학 생 2 : 한 20분 쯤 걸립니다.

4) 선 생   : 경주까지 고속버스로 갑니다.
   학 생 1 : 경주까지 고속버스로 가면 얼마나 걸립니까? (네 시간 반)
   학 생 2 : 한 네 시간 반쯤 걸립니다.

5) 선 생   : 제주도까지 배로 갑니다.
   학 생 1 : 제주도까지 배로 가면 얼마나 걸립니까? (열 두 세 시간)
   학 생 2 : 한 열 두세 시간쯤 걸립니다.

13. 4 D2

(보기) 선 생 : 책상 위 / 숙제 공책을 놓았어요.
　　　　학 생 : 책상 위에다가 숙제 공책을 놓았어요.

1) 선 생 : 시험지 / 이름을 쓰세요.
　　학 생 : 시험지에다가 이름을 쓰세요.

2) 선 생 : 수첩 / 전화번호를 쓰세요.
　　학 생 : 수첩에다가 전화번호를 쓰세요.

3) 선 생 : 커피 / 설탕을 넣었어요.
　　학 생 : 커피에다가 설탕을 넣었어요.

4) 선 생 : 벽 / 달력을 걸었어요.
　　학 생 : 벽에다가 달력을 걸었어요.

5) 선 생 : 바닥 / 휴지를 버리지 마세요.
　　학 생 : 바닥에다가 휴지를 버리지 마세요.

13. 4 D3

(보기) 선 생 : 이 꽃병을 어디에다가 놓을까요? (식탁 위)
　　　　학 생 : 식탁 위에다가 놓으세요.

1) 선 생 : 전화 요금을 어디에다가 냅니까? (은행)
　　학 생 : 은행에다가 냅니다.

2) 선 생 : 이 약은 어디에다가 바르는 겁니까? (발)
　　학 생 : 발에다가 바르는 거에요.

3) 선 생 : 이 코트를 어디에다가 걸까요? (옷걸이)
　　학 생 : 옷걸이에다가 거세요.

4) 선 생 : 이걸 어디에다가 버릴까요? (밖에 있는 쓰레기통)
   학 생 : 밖에 있는 쓰레기통에다가 버리세요.

5) 선 생 : 지금 어디에다가 전화하십니까? (집)
   학 생 : 집에다가 전화합니다.

13.4 D4

(보기) 선 생 : 시간이 없는데 어떻게 하지요? (택시를 타다)
       학 생 : 택시를 타면 돼요.

1) 선 생 : 모르는 단어가 많은데 어떻게 하지요? (선생님께 여쭈어
             보다)
   학 생 : 선생님께 여쭈어 보면 돼요.

2) 선 생 : 듣기 성적이 나쁜데 어떻게 하지요? (매일 테이프로 연습하다)
   학 생 : 매일 테이프로 연습하면 돼요.

3) 선 생 : 이 음식이 싱거운데 어떻게 하지요? (소금을 넣다)
   학 생 : 소금을 넣으면 돼요.

4) 선 생 : 세브란스병원 전화번호를 모르는데 어떻게 하지요? (114에
             물어 보다)
   학 생 : 114에 물어 보면 돼요.

5) 선 생 : 교과서를 안 가져 왔는데 어떻게 하지요? (제 책을 같이
             보다)
   학 생 : 제 책을 같이 보면 돼요.

13. 5 D1

(보기) 선 생 : 저분 직업이 무엇입니까?
　　　　학 생 : 저분 직업이 무엇인지 아세요?

1) 선 생 : 이 선생님이 어느 동네에 사십니까?
　　학 생 : 이 선생님이 어느 동네에 사시는지 아세요?

2) 선 생 : 서울 인구가 얼마입니까?
　　학 생 : 서울 인구가 얼마인지 아세요?

3) 선 생 : 회사원이 보통 몇 시간 일합니까?
　　학 생 : 회사원이 보통 몇 시간 일하는지 아세요?

4) 선 생 : 박 선생님이 어디에 가셨습니까?
　　학 생 : 박 선생님이 어디에 가셨는지 아세요?

5) 선 생 : 김 교수님이 몇 시에 돌아오시겠습니까?
　　학 생 : 김 교수님이 몇 시에 돌아오실지 아세요?

13. 5 D2

(보기) 선 생 : 저 학생 이름이 뭔지 아세요? (아니오)
　　　　학 생 : 아니오, 저 학생 이름이 뭔지 몰라요.

1) 선 생 : 졸업식을 몇 시에 시작하는지 아세요? (아니오)
　　학 생 : 아니오, 졸업식을 몇 시에 시작하는지 몰라요.

2) 선 생 : 여권을 신청할 때 무엇이 필요한지 아세요? (아니오)
　　학 생 : 아니오, 여권을 신청할 때 무엇이 필요한지 몰라요.

3) 선 생 : 이 컴퓨터를 어떻게 사용하는지 아세요? (아니오)
   학 생 : 아니오, 이 컴퓨터를 어떻게 사용하는지 몰라요.

4) 선 생 : 그분이 언제 회사를 그만두셨는지 아세요? (아니오.)
   학 생 : 아니오, 그분이 언제 회사를 그만두셨는지 몰라요.

5) 선 생 : 다음 학기에 누가 장학금을 받을지 아세요? (아니오)
   학 생 : 아니오, 다음 학기에 누가 장학금을 받을지 몰라요.

13.5   D3

(보기) 선 생 : 요즘 바쁩니다.
       학 생 : 요즘 얼마나 바쁜지 몰라요.

1) 선 생 : 이렇게 만나서 반갑습니다.
   학 생 : 이렇게 만나서 얼마나 반가운지 몰라요.

2) 선 생 : 한국말이 서툴러서 전화하기가 어렵습니다.
   학 생 : 한국말이 서툴러서 전화하기가 얼마나 어려운지 몰라요.

3) 선 생 : 지난 밤 꿈이 무서웠습니다.
   학 생 : 지난 밤 꿈이 얼마나 무서웠는지 몰라요.

4) 선 생 : 시험 때이어서 학생들이 열심히 공부합니다.
   학 생 : 시험 때이어서 학생들이 얼마나 열심히 공부하는지 몰라요.

5) 선 생 : 택시가 안 잡혀서 오랫동안 기다렸습니다.
   학 생 : 택시가 안 잡혀서 얼마나 오랫동안 기다렸는지 몰라요.

13.5 D4

(보기) 선 생 : 요즘 할 일이 많으세요?
       학 생 : 예, 요즘 할 일이 얼마나 많은지 몰라요.

1) 선 생 : 밖에 날씨가 추워요?
   학 생 : 예, 밖에 날씨가 얼마나 추운지 몰라요.

2) 선 생 : 출퇴근 시간에는 교통이 복잡하지요?
   학 생 : 예, 출퇴근 시간에는 교통이 얼마나 복잡한지 몰라요.

3) 선 생 : 파티가 재미있었어요?
   학 생 : 예, 파티가 얼마나 재미있었는지 몰라요.

4) 선 생 : 김 선생님이 피아노를 잘 치세요?
   학 생 : 예, 김 선생님이 피아노를 얼마나 잘 치는지 몰라요.

5) 선 생 : 연락이 없어서 많이 걱정했어요?
   학 생 : 예, 연락이 없어서 얼마나 많이 걱정했는지 몰라요.

제 14 과

집안일

1

어 머 니 : 영희야, 너 참 게을러졌구나.

영　　희 : 제 방을 보셨군요.

어 머 니 : 아침에 일어나서 네 방 청소도 못해?

영　　희 : 오늘은 늦어서 못하고 갔어요.

어 머 니 : 어서 깨끗하게 치워.

　　　　　 저녁에 손님이 오시니까.

영　　희 : 예, 쓸고 닦고 대청소를 하겠어요.

게으르다	to be lazy	일어나다	to wake up	청소하다	to clean up
깨끗하다	to be clean	치우다	to clean, to put away	손님	guest
쓸다	to sweep	닦다	to clean, polish; brush [teeth]	대청소	to clean the whole house

2

어 머 니 :   벌써 손님 오실 시간이 되었구나.

　　　　　상 차릴 준비를 해야겠다.

영　　희 :   수저부터 놓을까요?

어 머 니 :   그래, 그리고 이걸 접시에 담아라.

영　　희 :   어머니 이렇게 담으면 돼요?

어 머 니 :   너무 많이 담았다.

　　　　　좀 덜어라.

영　　희 :   이제 보기 좋지요?

상 차리다 to set the table	준비하다 to prepare	수저 spoon
접시 plate	담다 to put/place things in receptacles/vessels, often for presentation effect	덜다 to reduce, lessen

3

영　　희 :   상에 꽃이 있으면 좋겠어요.

어 머 니 :   그래, 좀 꽂아 봐.

상 ᵒʳ ᵃʷᵃʳᵈ table — 식탁	꽃 flower	꽂다 to arrange flowers

영   희 : 전 예쁘게 꽂을 자신이 없는데요.

어 머 니 : 처음부터 잘 하는 사람이 있니?

　　　　　자꾸 해 봐야지.

영   희 : 이 긴 것을 좀 잘라야 되겠지요?

어 머 니 : 괜찮아. 잘 어울린다.

자신이 없다	to have no confidence, can't do well	자꾸 하다	keeps doing it, keeps at it, does it often/frequently
자르다	to cut	어울리다	to fit in, to look nice

men's hair 깎다

④ 불이 났어여 fire started

영   희 : 아버지, 식당 전등 좀 봐 주세요.

아 버 지 : 왜, 불이 안 들어오니?

영   희 : 고장난 것 같아요. 불이 안 켜져요.

아 버 지 : 어디 보자. 전구가 끊어졌구나.

영   희 : 전구만 갈면 돼요?

아 버 지 : 응, 저쪽 서랍에 새 전구가 있으니까 찾아 봐라.

slang for slow person

전등	light	불이 들어오다	the light comes on	고장나다 to get out of order,
켜다	to light	전구	bulb 형광등 fluorescent	something goes wrong
끊어지다	to break	갈다	to change, exchange[it] 서랍	drawer

고치다 fix
수리하다 fix
(옷이 + 구주) 수선하다 alter

5

내 친구 정희는 참 행복할 것 같다.

돈은 벌지 않고 쓰기만 한다.

사고 싶은 것을 살 수 있고, 가지고 싶은 것을 가질 수 있다.

집도 자기 취미에 맞게 꾸민다.

음식도 자기 입에 맞는 것을 만든다.

자기가 먹고 싶은 것부터 생각한다.

물론 남편과 아이들을 위해서도 하지만…
of course

돈을 벌다	earns money	돈을 쓰다	to spend money
자기 취미에 맞다	suits/fits her [self's] tastes/likes	꾸미다	to decorate
-을/를 위하다	for (the sake of) somebody/something		

Lesson 14

Household Chores

1

Mother	:	Younghee, you sure have gotten lazy!
Younghee	:	So you've seen my room!
Mother	:	Can't you even get up in the morning and clean your room?
Younghee	:	Today I was late so I left without [being able to] doing it.
Mother	:	Put it in order right now [so that it is clean]—guests are coming tonight.
Younghee	:	OK. I'll sweep, polish, and do a major clean-up.

2

Mother	:	Oh my, it's already time for the guests to arrive. We'll have to [get ready/ prepared to] set the table.
Younghee	:	Shall I start [placing things] with the spoons and chopsticks?
Mother	:	Yes. And put this on a small plate.
Younghee	:	Mom, is it OK if I put it on like this?
Mother	:	You've loaded too much on. Take a bit off.
Younghee	:	Now it looks good, doesn't it?

3

Younghee	:	It would be good if there were flowers on the table. [or: I wish there were flowers on the table.]

Mother	:	Good idea. Why don't you try to arrange some?
Younghee	:	I'm not confident I can arrange them in a pretty fashion.
Mother	:	Do you suppose anybody exists who can do it well from the beginning/ [i.e. No. = You can't expect to get it just right from the start.] You have to get it just right from the start.] You have to keep trying.
Younghee	:	I shall have to cut this long one a bit, won't I?
Mother	:	It's OK. It goes well.

4

Younghee	:	Father, could you please have a look at the dining room lamp?
Father	:	Why? Doesn't the light come on?
Younghee	:	It seems to be broken. The light doesn't come on ["get ignited"].
Father	:	Let's have a look. Aha, the bulb has gone ["has gotten cut off"].
Younghee	:	Do we only need to change the bulb?
Father	:	Yeah. There are some new bulbs in the drawer over there, so try and find one.

5

My friend, Chunghee looks like she must be really happy.

She earns no money, and all she does is using.

She can buy the things she wants to buy, and she can own the things she wants to own.

And she decorates her house to her own tastes, too.

And food, too, she makes to her taste.

She starts with [by thinking about or considering] what she wants to eat.

Of course, she also does it for the sake of her husband and children, but….

문 법

14. 1 G1 -야 / -아

• This is a hortative particle which attaches to personal names, or to nouns denoting living things when you call them. It belongs to the Intimate Style, so you should never use it to people with whom you normally use polite or honorific speech.

• -아 attaches to nouns ending in consonants, and -야 to nouns ending in vowels.

예: 영수야, 문 좀 열어.   Hey, Young-soo, open the door, will you?

  얘들아, 뭐 하니?   Hey kids, what are you up to?

  바둑아, 이리 와.   Spot! Come here.

14. 1 G2 Speech levels

• Depending on the age, social status, relationship, etc. of the person you are speaking to you or about, Korean forces you to choose between a variety of "speech levels" and also allows you to use "honorifics." "Speech levels" refer to the final endings you put on verbs, and "honorifics" refers to whether or not you use the suffix - (으)시 - on a verb. "Speech levels" and "honorifics" are two very different concepts, and you should not confuse them.

For example, if the person you are talking to is older or is somehow higher in position to you (e.g., he or she is a teacher and you are a students), you should use the Polite Style (any ending that ends in 요) or the Formal Style (합니다), and you may or may not want to use the honorific suffix on verbs relating to actions of your interlocutor (하세요, 하십니다).

But if you are talking to small children or to close friends in your peer group, you use the Intimate Style (Polite Style minus 요, i.e. -어. See G3 below). It is perfectly possible to use honorifics in non-polite style: when asking a child about its parents, for example) 엄마 계셔? ("is your mother in?").

Here is a chart showing the major speech styles of levels.

Level \ S-Mood		Declarative	Interrogative	Inperative	Proposative	Exclamatic
Formal	-ㅂ니다	-ㅂ니다 -습니다	-ㅂ니까? -습니까?	-(으)십시오	-(으)ㅂ시다	
Formal	-네	-네	-나?	-게	-세	
Formal	-ㄴ다	-는(ㄴ)다 -다	-(으)니? -느(으)냐?/-냐?	-아(어, 여)라	-자	-(는)구나
Informal	-어요		-아(어, 여) 요			-(는)군요
Informal	-어		-아(어, 여)			-(는)군

14. 1 G3   -아 / -어 / -여

• This final ending attaches to verb bases when you are talking to intimate friends or to people lower in status than you.

• This form is used for all types of sentence: declarative, interrogative, imperative, suggestive, and exclamatory. Intonation is used to distinguish these different types of sentence.

예: 나 요즘 바빠.   I'm busy lately.

　　그 동안 잘 있었어?   How have you been?

　　방 좀 쓸어.   Sweep up your room.

빨래가 많으니까 나하고 같이 해.　There's lots of laundry [to do], so let's do it together. [note: Should probably add an exclamatory example.]

14. 1 G4 -구나 / -는구나

• This exclamatory final ending attaches to verb stems and is used to persons of lower position or to intimate friends. The exclamatory meaning of this ending is "first realization," and is best captured by English "Gee, now I see/realize that…"

예: 머리 모양이 참 좋구나.　My, your hair [style] is quite nice [I realize]!

운동화가 좀 크구나.　These sneakers are a bit big, I see!

잘 뛰는구나.　Boy, he sure runs around a lot ["well"]!

차가 많이 밀렸구나.　The traffic is all backed up, I see!

소나기가 곧 쏟아지겠구나.　Uh-oh, it's going to pour any minute now [I realize]!

14. 2 G1 -는다/ -ㄴ다/ -다

• This declarative final ending attaches to verb stems and is used to people of lower status.

• In the case of action verbs ending in a consonant, use -는다. Action verbs ending in a vowel take -ㄴ다, and quality verbs take -다.

• The corresponding question forms are -(으)니?/-(느)냐?/-(으)냐, the imperative forms is -아라/-어라/-여라 and the propositive is -자.

예: 나는 매일 일기를 쓴다.　I write [in] my diary every day.

오늘은 날씨가 흐렸다.　The weather is cloudy ["has clouded over"] today.

할 일이 많(으)니?	Do you have a lot of things to do?
힘들지 않니?	Isn't it difficult?
답장을 빨리 써라.	Please write a reply quickly.
맡은 일은 끝까지 해라.	Please carry through the work you have undertaken to the very end.
전기를 아끼자.	Let us save electricity.
남의 이야기 하지 말자.	Let us not talk about others.

14.2 G2 -부터

• This particle attaches to nouns and indicates "starting from; from; starting with." (see 5.5 G1).

예: 손부터 씻고 먹어.	Wash your hands first and then eat. [Wash, starting with your hands, and then eat.]
계획부터 하고 시작합시다.	Let us first make a plan and then begin.
내 이야기부터 들어 보세요.	Listen to what I have to say ["my story"] first.
반대부터 하지 말고 잘 생각 해 봐.	Don't just oppose automatically ["start with opposition"], but think it over well.
일이 많아서 무엇부터 해야 할지 모르겠어요.	I have so much work, I don't know where to start ["I don't know starting-from-what to do"].

14.3 G1 -지

• This attaches to verb stems and is used by the speaker to ascertain the other person's agreement or attitude toward what is being said. That is, it functions like the French "n'est-ce pas?", German "nicht wahr", etc. It makes a kind of tag question.

• You can attach 요 to this form to make it polite. (see 3.2 G2)

예: 버스 타고 다니기가 힘 들지? It's tiring to travel around by bus, isn't it?

비싼 것 말고 싼 거 사지. You'll not buy something expensive, but something cheap, won't you?

방 좀 치우지. Clean up your room, will you?

좀 조용히 말하지. Please speak quietly, will you?

자기 일은 자기가 해야지. One should handle one's own problems, don't you think?

14. 4 G1 -어지다

• This attaches to action verbs and helps form a kind of passive. In English, it usually translates as "becomes a certain way; gets to be a certain way," without implying any agent.

• The number of verbs with which this form is compatible is limited.

예: 글씨가 잘 안 지워져요. These letters don't want to erase [won't get erased; I can't erase them].

가스 불을 켜 놓았는데 꺼졌어요. I turned on the gas, but it went out ["got extinguished"].

칼이 나뻐서 고기가 잘 안 썰어 집니다. The knife is bad, so it doesn't slice ["get sliced"] well.

우산이 저절로 퍼져요. The umbrella is automatic ["opens/gets so that it is open of its own accord"].

14. 5 G1   -를 위해서

- This attaches to nouns and means "for the sake of."
- The 서 of 위해서 can be omitted.

예: 군인은 나라를 위해서 싸웁니다.   The soliders fight for the sake of their country.

누구를 위해서 고생해요?   For whom are you suffering?

건강을 위해서 날마다 운동을 합니다.   I exercise every day for [the sake of] my health.

가난한 이웃을 위해 모금합시다.   Let's save money for our poor neighbours.

- Verb stems attach -기 before this form. Here the meaning is the same, but a better English translation equivalent is "in order to."

예: 한국을 알기 위해서 책을 읽었 습니다.   I read a book in order to learn about Korea.

차를 갈아 타기 위해 내렸어요.   I got off in order to change trains.

대학에 들어가기 위해서 밤을 새워요.   I stayed up all night in order to get into university.

먹기 위해서 삽니까? 살기 위해서 먹습니까?   Do you live [in order] to eat or eat [in order] to live?

유형 연습

14. 1   D1

(보기) 선 생 : 수업이 한 시에 끝나요.
      학 생 : 수업이 한 시에 끝나.

1) 선 생 : 이제 한국 생활에 많이 익숙해졌어요.
   학 생 : 이제 한국 생활에 많이 익숙해졌어.

2) 선 생 : 책가방이 무거워요?
   학 생 : 책가방이 무거워?

3) 선 생 : 아까 왜 울었어요?
   학 생 : 아까 왜 울었어?

4) 선 생 : 방석을 깔고 앉아요.
   학 생 : 방석을 깔고 앉아.

5) 선 생 : 다음 주에 시험을 보는데 같이 공부해요.
   학 생 : 다음 주에 시험을 보는데 같이 공부해.

14. 1   D2

(보기) 선 생   : 정미 / 지금 뭘 해요?
      학 생 1 : 정미야, 지금 뭘 해? (일기를 쓰다)
      학 생 2 : 일기를 써.

1) 선 생　: 영민 / 어제 누굴 만났어요?
   학 생 1 : 영민아, 어제 누굴 만났어? (고등학교 동창을 만났다)
   학 생 2 : 고등학교 동창을 만났어.
   　　　　　　　　　- alumni

2) 선 생　: 현주 / 한국에 온 지 몇 달 되었어요?
   학 생 1 : 현주야, 한국에 온 지 몇 달 되었어? (석 달 되었다)
   학 생 2 : 석 달 되었어.

3) 선 생　: 소영 / 이 식당 냉면 맛이 어때요?
   학 생 1 : 소영아, 이 식당 냉면 맛이 어때? (조금 맵다)
   학 생 2 : 조금 매워.

4) 선 생　: 수정 / 그거 무슨 책이에요?
   학 생 1 : 수정아, 그거 무슨 책이야? (소설책이다)
   학 생 2 : 소설책이야.

5) 선 생　: 진수 / 이번 방학에 뭘 할 거에요?
   학 생 1 : 진수야, 이번 방학에 뭘 할 거야? (해외 여행을 갈 거다)
   학 생 2 : 해외 여행을 갈 거야.
   　　　　　　overseas

14. 1   D3

(보기) 선 생 : 하늘이 참 파랗습니다.　blue
　　　　학 생 : 하늘이 참 파랗구나.

1) 선 생 : 오늘은 아주 시원합니다.
   학 생 : 오늘은 아주 시원하구나.

2) 선 생 : 짧은 머리가 잘 어울립니다.
   학 생 : 짧은 머리가 잘 어울리는구나.

3) 선 생 : 바람이 많이 붑니다.
   학 생 : 바람이 많이 부는구나.

4) 선 생 : 키가 많이 컸습니다.

　　학 생 : 키가 많이 컸구나.

5) 선 생 : 정말 노력을 많이 했습니다.

　　학 생 : 정말 노력을 많이 했구나.

try hard

14. 1　D4

　(보기) 선 생 : 오늘 바빠서 공부를 못 해요. (숙제)

　　　　학 생 : 숙제도 못 해?

1) 선 생 : 전 한국말을 못 해요. (인사)

　　학 생 : 인사도 못 해?

2) 선 생 : 우리 언니는 집안일을 못 해요. (청소)

　　학 생 : 청소도 못 해?

3) 선 생 : 시간이 없어서 연락을 못 해요. (전화)

　　학 생 : 전화도 못 해?

4) 선 생 : 피곤해서 아무것도 못 해요. (이것)

　　학 생 : 이것도 못 해?

5) 선 생 : 전 술을 못 해요. (맥주 한 잔)

　　학 생 : 맥주 한 잔도 못 해?

14. 2　D1

　(보기) 선 생 : 시청 앞에서 2호선으로 갈아탑니다.

　　　　학 생 : 시청 앞에서 2호선으로 갈아탄다.

1) 선 생 : 청바지를 자주 입습니다.

   학 생 : 청바지를 자주 입는다.

2) 선 생 : 그 학생은 성적이 우수합니다.

   학 생 : 그 학생은 성적이 우수하다.

3) 선 생 : 이게 어제 산 만년필입니다.

   학 생 : 이게 어제 산 만년필이다.

4) 선 생 : 어제는 하루종일 비가 왔습니다.

   학 생 : 어제는 하루종일 비가 왔다.

5) 선 생 : 한국어학당을 졸업했으니까 한국말을 잘 하겠습니다.

   학 생 : 한국어학당을 졸업했으니까 한국말을 잘 하겠다.

14.2 D2

(보기) 선 생 : 하루에 커피를 몇 잔쯤 마십니까? (석 잔)

      학 생 : 하루에 커피를 석 잔쯤 마신다.

1) 선 생 : 어디에서 점심을 먹습니까? (학생 식당)

   학 생 : 학생 식당에서 점심을 먹는다.

2) 선 생 : 몇 시쯤 집에 돌아오십니까? (일곱 시쯤)

   학 생 : 일곱 시쯤 집에 돌아온다.

3) 선 생 : 어디에 취직하고 싶습니까? (항공사)

   학 생 : 항공사에 취직하고 싶다.

4) 선 생 : 언제 결혼하셨습니까? (5년 전)

   학 생 : 5년 전에 결혼했다.

5) 선 생 : 어제 백화점에서 무엇을 사셨습니까? (추석 선물)

   학 생 : 어제 백화점에서 추석 선물을 샀다.

14.2 D3

(보기) 선 생 : 표 / 삽시다.
　　　　학 생 : 표부터 삽시다.

1) 선 생 : 예약 / 하십시오.
　　학 생 : 예약부터 하십시오.
　　　　　　reservations

2) 선 생 : 계획 / 세웁시다.
　　학 생 : 계획부터 세웁시다.
　　　　　　plans   establish

3) 선 생 : 성함 / 말씀해 주십시오.
　　학 생 : 성함부터 말씀해 주십시오.
　　　　　　name

4) 선 생 : 진찰 / 받읍시다.
　　학 생 : 진찰부터 받읍시다.
　　　　　　examine (check-up)

5) 선 생 : 손 / 씻으십시오.
　　학 생 : 손부터 씻으십시오..

14.2 D4

(보기) 선 생 : 자기 소개부터 할까요? (예)
　　　　학 생 : 예, 자기 소개부터 합시다.

1) 선 생 : 청소부터 할까요? (아니오 / 설거지)
　　학 생 : 아니오, 설거지부터 합시다.

2) 선 생 : 음식부터 시킬까요? (예)
　　학 생 : 예, 음식부터 시킵시다.

3) 선 생 : 쓰기 공부부터 할까요? (아니오 / 읽기 공부)
　　학 생 : 아니오, 읽기 공부부터 합시다.

4) 선 생 : 방부터 구할까요? (예)

　학 생 : 예, 방부터 구합시다.

5) 선 생 : 주소부터 쓸까요? (아니오 / 이름)

　학 생 : 아니오, 이름부터 씁시다.

14.2 D5

(보기) 선 생 : 창문을 닫으십시오.

　　　학 생 : 창문을 닫아라.

1) 선 생 : 매일 신문을 읽으십시오.

　학 생 : 매일 신문을 읽어라.

2) 선 생 : 이 편지를 부치십시오.

　학 생 : 이 편지를 부쳐라.

3) 선 생 : 이 서류를 정리하십시오.

　학 생 : 이 서류를 정리해라. *put in order*

4) 선 생 : 어른들에게 반말을 쓰지 마십시오.

　학 생 : 어른들에게 반말을 쓰지 마라.

5) 선 생 : 라디오를 너무 크게 틀지 마십시오.

　학 생 : 라디오를 너무 크게 틀지 마라.

14.3 D1

(보기) 선 생 : 여기 앉으세요.

　　　학 생 : 여기 앉아.

1) 선 생 : 비옷을 입으세요.
   학 생 : 비옷을 입어.

2) 선 생 : 약속을 지키세요.
   학 생 : 약속을 지켜.

3) 선 생 : 이름을 쓰세요.
   학 생 : 이름을 써.

4) 선 생 : 돈을 절약하세요.
   학 생 : 돈을 절약해.

5) 선 생 : 떠들지 마세요.
   학 생 : 떠들지 마.

14. 3　D2

(보기) 선 생 : 일요일마다 등산을 합니까?
　　　　학 생 : 일요일마다 등산을 하니?

1) 선 생 : 그 백화점이 몇 시에 문을 닫습니까?
   학 생 : 그 백화점이 몇 시에 문을 닫니?

2) 선 생 : 그 책을 다 이해합니까?
   학 생 : 그 책을 다 이해하니?

3) 선 생 : 노서관에 사림이 많습니까?
   학 생 : 도서관에 사람이 많니?

4) 선 생 : 어제 본 영화가 재미있었습니까?
   학 생 : 어제 본 영화가 재미있었니?

5) 선 생 : 김 선생이 보낸 편지를 받았습니까?
   학 생 : 김 선생이 보낸 편지를 받았니?

14.3 D3

(보기) 선 생 : 이 옷이 나한테 어울리니?
학 생 1 : 응, 어울린다.
학 생 2 : 아니, 어울리지 않는다.

1) 선 생 : 요즘 친구를 자주 만나니?
학 생 1 : 응, 자주 만난다.
학 생 2 : 아니, 자주 만나지 않는다.

2) 선 생 : 이 꽃 냄새가 좋니?
학 생 1 : 응, 좋다.
학 생 2 : 아니, 좋지 않다.

3) 선 생 : 오늘 할 일이 많니?
학 생 1 : 응, 많다.
학 생 2 : 아니, 많지 않다.

4) 선 생 : 오늘 아침 신문을 읽었니?
학 생 1 : 응, 읽었다.
학 생 2 : 아니, 읽지 않았다.

5) 선 생 : 점심을 먹었니?
학 생 1 : 응, 먹었다.
학 생 2 : 아니, 먹지 않았다.

14.3 D4

(보기) 선 생 : 오늘 이 일을 끝내야지?
학 생 : 응, 오늘 이 일을 끝내야지.

1) 선 생 : 두 시 비행기를 타려면 지금 떠나야지?
   학 생 : 응, 두 시 비행기를 타려면 지금 떠나야지.

2) 선 생 : 등산을 가려면 도시락을 준비해야지?
   학 생 : 응, 등산을 가려면 도시락을 준비해야지.

3) 선 생 : 책을 빌리려면 학생증이 있어야지?
   학 생 : 응, 책을 빌리려면 학생증이 있어야지.

4) 선 생 : 날마다 예습, 복습을 해야지?
   학 생 : 응, 날마다 예습, 복습을 해야지.

5) 선 생 : 김 선생님께 그 일을 말씀드려야지?
   학 생 : 응, 김 선생님께 그 일을 말씀드려야지.

14.4 D1

(보기) 선 생 : 불이 꺼졌어요?
       학 생 : 예, 불이 꺼졌어요.

1) 선 생 : 그릇이 깨졌어요?
   학 생 : 예, 그릇이 깨졌어요.

2) 선 생 : 전화가 끊어졌어요?
   학 생 : 예, 전화가 끊어졌어요.

3) 선 생 : 살이 빠졌어요?
   학 생 : 예, 살이 빠졌어요.

4) 선 생 : 커피가 쏟아졌어요?
   학 생 : 예, 커피가 쏟아졌어요.

5) 선 생 : 구두가 깨끗하게 닦아졌어요?
   학 생 : 예, 구두가 깨끗하게 닦아졌어요.

14.4 D2

(보기) 선 생 : 잠깐 쉽시다.
　　　　학 생 : 잠깐 쉬자.

1) 선 생 : 이 화분을 여기에 놓읍시다.
　 학 생 : 이 화분을 여기에 놓자.

2) 선 생 : 이번 주말에 낚시하러 갑시다.
　 학 생 : 이번 주말에 낚시하러 가자.

3) 선 생 : 선생님 말씀을 잘 들읍시다.
　 학 생 : 선생님 말씀을 잘 듣자.

4) 선 생 : 운동장에 가서 놉시다.
　 학 생 : 운동장에 가서 놀자.

5) 선 생 : 지각하지 맙시다.
　 학 생 : 지각하지 말자.

14.4 D3

(보기) 선 생 : 주스를 마실까?
　　　　학 생 : 응, 주스를 마시자.

1) 선 생 : 지금 떠날까?
　 학 생 : 응, 지금 떠나자.

2) 선 생 : 불고기 3인 분을 시킬까?
　 학 생 : 응, 불고기 3인 분을 시키자.

3) 선 생 : 내일 연대 앞에서 만날까?
　 학 생 : 응, 내일 연대 앞에서 만나자.

4) 선 생 : 이번 주말에 영화 보러 갈까?
   학 생 : 응, 이번 주말에 영화 보러 가자.

5) 선 생 : 지나가는 사람에게 물어 볼까?
   학 생 : 응, 지나가는 사람에게 물어 보자.

14. 4 D4

(보기) 선 생 : 5번 버스를 타십시오.
       학 생 : 5번 버스를 타라.

1) 선 생 : 내일 꼭 오십시오.
   학 생 : 내일 꼭 와라.

2) 선 생 : 모자를 벗으십시오.
   학 생 : 모자를 벗어라.

3) 선 생 : 조용히 하십시오.
   학 생 : 조용히 해라.

4) 선 생 : 뉴스를 들으십시오.
   학 생 : 뉴스를 들어라.

5) 선 생 : 일찍 주무십시오.
   학 생 : 일찍 자라.

14. 4 D5

(보기) 선 생 : 몇 시까지 올까요? (아홉 시)
       학 생 : 아홉 시 까지 와라.

1) 선 생 : 책상을 어디에 놓을까요? (창문 앞)
   학 생 : 책상을 창문 앞에 놓아라.

2) 선 생 : 누구한테 부탁할까요? (하숙집 아주머니)
   학 생 : 하숙집 아주머니한테 부탁해라.

3) 선 생 : 뭘 준비 할까요? (두꺼운 옷)
   학 생 : 두꺼운 옷을 준비해라.

4) 선 생 : 무슨 책을 읽을까요? (역사책)
   학 생 : 역사책을 읽어라.

5) 선 생 : 언제 다시 들를까요? (내일 오전)
   학 생 : 내일 오전에 다시 들러라.

14.5   D1

(보기) 선 생 : 정희가 열심히 공부해요? (놀다)
       학 생 : 열심히 공부하지 않고 놀기만 해요.

1) 선 생 : 학생들이 선생님 말씀을 잘 들어요? (떠들다)
   학 생 : 선생님 말씀을 잘 듣지 않고 떠들기만 해요.

2) 선 생 : 부인이 저축을 해요? (쓰다)
   학 생 : 저축을 하지 않고 쓰기만 해요.

3) 선 생 : 아이가 잠을 잘 자요? (울다)
   학 생 : 잠을 잘 자지 않고 울기만 해요.

4) 선 생 : 학생들이 열심히 연습해요? (졸다)
   학 생 : 열심히 연습하지 않고 졸기만 해요.

5) 선 생 : 그 형제가 서로 잘 도와요? (싸우다)
   학 생 : 서로 잘 돕지 않고 싸우기만 해요.

14.5 D2

(보기) 선 생 : 거기에 가면 친구를 만납니다 / 바다를 봅니다.
　　　학 생 : 거기에 가면 친구를 만날 수 있고, 바다를 볼 수 있습니다.

1) 선 생 : 그분은 한국 춤을 춥니다. / 한국 민요를 부릅니다.
　　학 생 : 그분은 한국 춤을 출 수 있고 한국 민요를 부를 수 있어요.

2) 선 생 : 도서관에서는 공부를 합니다 / 책을 빌립니다.
　　학 생 : 도서관에서는 공부를 할 수 있고 책을 빌릴 수 있습니다.

3) 선 생 : 남대문시장에 가면 물건을 싸게 삽니다 / 구경을 합니다.
　　학 생 : 남대문시장에 가면 물건을 싸게 살 수 있고 구경을 할 수 있습니다.

4) 선 생 : 컴퓨터로 계산을 합니다 / 게임을 합니다.
　　학 생 : 컴퓨터로 계산을 할 수 있고 게임을 할 수 있습니다.

5) 선 생 : 한국 친구를 사귀면 한국말을 많이 연습합니다 / 재미있게 지냅니다.
　　학 생 : 한국 친구를 사귀면 한국말을 많이 연습할 수 있고 재미있게 지낼 수 있습니다.

14.5 D3

교수 professor

(보기) 선 생 : 학생들 / 휴게실을 만들었습니다.
　　　학 생 : 학생들을 위해서 휴게실을 만들었습니다.

1) 선 생 : 시민들 / 도서관을 짓고 있습니다.
　　학 생 : 시민들을 위해서 도서관을 짓고 있습니다.

citizen

2) 선 생 : 남편과 아이 / 맛있는 요리를 준비했습니다.
   학 생 : 남편과 아이를 위해서 맛있는 요리를 준비했습니다.

3) 선 생 : 이 일 / 여러 사람이 노력했습니다.
   학 생 : 이 일을 위해서 여러 사람이 노력했습니다.

4) 선 생 : 한국말을 공부합니다 / 이 사전을 샀습니다.
   학 생 : 한국말을 공부하기 위해서 이 사전을 샀습니다.

5) 선 생 : 더 공부합니다 / 유학을 갑니다.
   학 생 : 더 공부하기 위해서 유학을 갑니다.

유학생
exchange student

14.5 D4

(보기) 선 생 : 누구를 위해서 이 책을 썼습니까? (외국인)
       학 생 : 외국인을 위해서 이 책을 썼습니다.

1) 선 생 : 누구를 위해서 열심히 일합니까? (가족)
   학 생 : 가족을 위해서 열심히 일합니다.

2) 선 생 : 누구를 위해서 도시락을 쌉니까? (친구)
   학 생 : 친구를 위해서 도시락을 쌉니다.

3) 선 생 : 무엇을 위해서 UN을 만들었습니까? (세계 평화)
   학 생 : 세계 평화를 위해서 UN을 만들었습니다.

world peace

4) 선 생 : 뭘 하기 위해서 한국에 오셨습니까? (한국 문화를 알다)
   학 생 : 한국 문화를 알기 위해서 한국에 왔습니다.

5) 선 생 : 뭘 하기 위해서 돈을 모읍니까? (집을 사다)
   학 생 : 집을 사기 위해서 돈을 모읍니다.

제 15 과

물건 사기

1

존　슨 : 좋은 우산 하나 보여 주십시오.

주　인 : 여기서 골라 보세요.

　　　　여러가지 있습니다.

존　슨 : 이 접는 우산은 얼마입니까?

주　인 : 칠천 원인데 튼튼하고 값도 괜찮은 편입니다.

존　슨 : 색은 좋은데 무늬가 마음에 안 들어요.

주　인 : 제가 보기에는 괜찮은데요.

양산 parasol　선택하다

종이 접기 origami

우산	umbrella	고르다	to choose, pick, select	접다	fold
튼튼하다	sturdy	무늬	design, pattern	마음에 들다	appeals [to me]; [I] like

약하다 weak

or
건강하다

— 113 —

줄무늬 - line design
꽃무늬 - flower design
체코무늬 - check design
물 방울 무늬 - polka dot

2

존　　슨 : 아저씨, 이 포도 어떻게 합니까?

주　　인 : 한 근에 팔백 원씩인데 달고 맛있습니다.

존　　슨 : 며칠 전보다 값이 더 오른 것 같아요.

주　　인 : 예, 포도철이 지나서 비싸졌습니다.

존　　슨 : 두 근만 주세요.

주　　인 : 다른 건 더 안 사세요?

포도	grapes	한 근	one pound	씩	per, a piece, each up
값이 오르다	price goes up	포도철	grapes season		

3

주　　인 : 댁으로 배달해 드릴까요?

존　　슨 : 예, 깨질 것들은 제가 가져 갈테니까 나머지는
　　　　　 갖다 주십시오.

주　　인 : 그런데, 지금 배달이 밀려서 시간이 좀 걸리겠는
　　　　　 데요.

존　　슨 : 얼마나요?

주   인 : 한 시간쯤 걸리겠습니다.

죤   슨 : 한 시간이나요?

배달하다   to deliver   나머지   the remaining thing

4

죤   슨 : 아저씨, 저 기억하십니까?

주   인 : 며칠 전에 우산을 사신 분 아니세요?

죤   슨 : 맞아요.

    그런데 이 우산이 잘 펴지지 않아요.

주   인 : 어디 봅시다.

    뭐가 잘못된 모양이군요.

죤   슨 : 다른 건 괜찮은데 손잡이가 말을 듣지 않습니다.

주   인 : 다른 것으로 바꿔 드리지요.

펴다 (passive)

| 기억하다 | to remember | 펴지다 | become straight | 손잡이 | handle |
| 말을 듣다 | to obey, to heed | 바꾸다 | to exchange | | |

5

저는 심심할 때 혼자 시장에 갑니다.

시장에는 없는 것이 없습니다.

값도 그리 비싸지 않습니다.

시장에서 보는 풍경들이 재미있습니다.

"무조건 천 원"

"이 기회를 놓치지 마세요" 하고 소리를 지르는 사람,

손뼉을 치고, 발로 장단을 맞추면서 "싸구려, 싸구려"

하는 사람도 있습니다.

백화점에서는 볼 수 없는 광경들입니다.

지루하다 boring (movie, book, etc.)

재미없는 것

심심하다	to have nothing to do, be bored	혼자	alone, by oneself
풍경	a scene (nature)	무조건	absolutely, unconditionally
기회	chance, opportunity	놓치다	to miss, let go
소리 지르다	to shout, cry out	손뼉치다	to clap
장단 맞추다	to keep the beat, to beat time	싸우다	to fight
광경	a scene		

경치를 보다

Lesson 15

Buying Things

1

Johnson	:	Please show me a nice umbrella.
Owner	:	Pick one out from here. We have several kinds.
Johnson	:	How much is this folding umbrella?
Owner	:	It's 7,000 won; it's sturdy, and the price is on the reasonable side, too.
Johnson	:	The color is good, but I don't like the pattern.
Owner	:	It looks OK to me…

2

Johnson	:	Say mister, how are you selling these grapes?
Owner	:	They're 800 won a "*kŭn*," and they're good and sweet.
Johnson	:	It seems the price has gone up compared to a few days ago.
Owner	:	Yes. The grape season has passed, so they've gotten [more] expensive.
Johnson	:	Give me two "*kŭn*," please.
Owner	:	You're not buying anything else?

3

Owner	:	Shall I deliver it to your house for you?
Johnson	:	Yes. I'll take the breakable things, so you please bring the remaining things.

Owner	:	By the way, our deliveries are backed up right now, so it may take a little while...
Johnson	:	About how much?
Owner	:	It'll take about an hour.
Johnson	:	As much as an hour?!

4

Johnson	:	Say mister, do you remember me?
Owner	:	Aren't you the gentleman who bought an umbrella a few days ago?
Johnson	:	That's right. But this umbrella doesn't open ["get unfolded"] properly.
Owner	:	Let's have a look. It seems something has gone wrong.
Johnson	:	Everything else is fine [the other things are fine], but the handle just won't cooperate [won't obey, "won't listen to words"].

5

When I'm bored I go to the market alone.

At the market they have everything ["there isn't anything they don't have"].

And the price isn't so expensive, either.

The sights I see at the market are interesting.

"1,000 won, no questions asked."

There are people shouting "Don't miss this opportunity." and clapping their hands, people keeping time with their feet as they say "Bargains, bargains."

They are scenes you cannot see in a department store.

문 법

15. 2 G1 Adnominal Numerals (Numerals as Modifiers)

• When numerals are used as a modifier, they occur in the following forms (see 3. 1 G1, 4. 1 G1).

• When Sino-Korean numerals occur with counters/classifiers like the following:

일   과,   월,   원,   인분,   그램,   페이지, ……
이
삼
사
오
⋮

• The pure Korean numerals 세 and 네 optionally take the shapes 석 and 넉, respectively, before nouns beginning with ㄷ and ㅈ.

석 달,   잔,   장,   주일,   되, ……
넉

• Korean also has certain combinations of pure Korean numerals to make new expressions for approximate numerals ("2 or 3," "5 or 6", etc.). You should not make these up on your own, as they are frozen forms:.

한두   개,   장,   해,   달,   권, ……
두세

서너

너댓

대여섯

15. 3 G1 -(으)ㄹ테니까

• This is a combination of the pattern -ㄹ터 which expresses the speaker's intention, and of -(으)니까 which expresses a reason. Thus, a literal rendition would be "Since one intends to do…" or "Since one/it is going to…."

예: 그 일은 제가 할테니까 그냥 두세요.
I'm going to do that [job], so please just leave it.

내가 집을 볼테니까 다녀 오세요.
I'll be watching the house, so you go ahead [and go out on your errands].

좋은 사람 소개해 드릴테니까 만나 보시겠어요?
I have an idea to introduce you to somebody nice, so will you meet him?

값이 내릴테니까 다음에 삽시다.
The price will probably go down, so buy it next time around.

미끄러울테니까 조심해서 가세요.
It's probably slippery [on the roads], so please mind how you go.

15. 3 G2 -나 / -이나

• This attaches to words expressing quantity and expresses the idea of "roughly, approximately, about." It tends to be used mostly in questions.

예: 시간이 얼마나 걸려요?
About how much time will it take?

강당에 학생이 몇 명이나 모였어요?	About how many students gathered in the lecture hall?
그 아이가 몇 살이나 되었어요?	About how old is that child [now]? [about how old has he become?]
요즘 쌀 값이 얼마나 해요?	About how much is the price of rice lately?

• In another usage, it can mean "so much as that," with a sense of incredulity.

예: 커피를 다섯 잔 마셨어요.	I drank five cups of coffee.
다섯 잔이나요?	Five cups? [So many as five cups?]
저는 길에서 삼십 분 기다렸어요.	I waited 30 minutes on the street.
삼십 분이나요?	Thirty minutes? [So long as 30 minutes?]
오늘 편지를 열 장이나 썼어요.	Today I wrote ten-page-letter.
선생님 댁에 전화를 대여섯 번 이나 걸었어요.	I called you at home 5 or 6 times.

15. 4 G1 -는 모양이다 / -(으)ㄴ 모양이다

• These attach to verb stems and give the idea of "seems like," "gives the appearance of," "looks like…"

For actions currently in progress, use -는 모양이다.

For completed actions or states use -(으)ㄴ 모양이다.

For future actions or states use -(으)ㄹ 모양이다.

예: 집에 아무도 없는 모양이에요.	It seems there is nobody at home.
학생들이 시험을 잘 본 모양 이죠?	It seems the students did well on the test, doesn't it?

옷 입는 걸 보니까 외출할 모양입니다.	Judging by the fact that she is getting dressed, it seems she is about to go out.
부인이 몹시 아픈 모양입니다.	It seems his wife is extremely ill.
헤어지게 되어서 섭섭한 모양입니다.	It seems they are sad at having to say goodbye.

15. 5 G1 ·-(으)면서

• This attaches to verb bases and expresses the idea of the subject doing two actions at once. That is, it is English "while."

예: 웃으면서 인사했어요.	He greeted me with a smile ["while smiling"].
휘파람을 불면서 목욕을 해요.	She takes a bath while whistling [She whistles in the bath.]
차를 마시면서 이야기할까요?	Shall we talk over a cup of tea? [Shall we chat while drinking tea?]
졸면서 책을 읽어요.	I read a book while dozing/nodding off.
그녀를 생각하면서 길을 걷습니다.	He walks along the street ["while"] thinking about her.

유형 연습

15. 1 D1

(보기) 선 생 : 오늘 날씨가 어때요? (따뜻하다)
　　　　학 생 : 따뜻한 편이에요.

1) 선 생 : 그분 발음이 어때요? (좋다)
　　학 생 : 좋은 편이에요.

2) 선 생 : 도쿄 물가가 어때요? (비싸다)
　　학 생 : 비싼 편이에요.

3) 선 생 : 그 식당 음식 맛이 어때요? (맵다)
　　학 생 : 매운 편이에요.

4) 선 생 : 용돈을 얼마쯤 받아요? (많이 받다)
　　학 생 : 많이 받는 편이에요.

5) 선 생 : 어디에서 점심을 드세요? (학생 식당에 자주 가다)
　　학 생 : 학생 식당에 자주 가는 편이에요.

15. 1 D2

(보기) 선 생 : 오늘 날씨가 따뜻하지요? (날씨는 따뜻하다 / 바람이
　　　　　　　　많이 불다)
　　　　학 생 : 날씨는 따뜻한데 바람이 많이 불어요.

1) 선 생 : 이 집 살기가 편하지요? (살기는 편하다 / 교통이 불편하다)
   학 생 : 살기는 편한데 교통이 불편해요.

2) 선 생 : 그 회사 월급이 많지요? (월급은 많다 / 퇴근 시간이 늦다)
   학 생 : 월급은 많은데 퇴근 시간이 늦어요.

3) 선 생 : 제 친구 한국말 발음이 좋지요? (발음은 좋다 / 말이 느리다)
   학 생 : 발음은 좋은데 말이 느려요.

4) 선 생 : 이 물건 값이 싸지요? (값은 싸다 / 질이 나쁘다)
   학 생 : 값은 싼데 질이 나빠요.

5) 선 생 : 이 옷 모양이 좋지요? (모양은 좋다 / 색깔이 너무 어둡다)
   학 생 : 모양은 좋은데 색깔이 너무 어두워요.

15. 1 D3

(보기) 선 생 : 이 바지 어때요? (잘 맞다)
        학 생 : 제가 보기에는 잘 맞는데요.

1) 선 생 : 비가 언제쯤 그칠까요? (오후에 그칠 것 같다)
   학 생 : 제가 보기에는 오후에 그칠 것 같은데요.

2) 선 생 : 음료수가 부족할까요? (넉넉하다)
   학 생 : 제가 보기에는 넉넉한데요.

3) 선 생 : 저 두 분이 어때요? (잘 어울리다)
   학 생 : 제가 보기에는 잘 어울리는데요.

4) 선 생 : 누가 더 나이가 많은 것 같아요? (영수씨가 더 나이가 많은
        것 같다)
   학 생 : 제가 보기에는 영수씨가 더 나이가 많은 것 같은데요.

5) 선 생 : 교통 사고가 났는데 누가 잘못 했어요? (앞 차가 잘못 했다)
   학 생 : 제가 보기에는 앞 차가 잘못 했는데요.

15.2 D1

(보기) 선 생 : 사과 / 한 개
      학 생 1 : 사과 한 개에 얼마입니까? (700원)
      학 생 2 : 한 개에 700원씩이에요.

1) 선 생 : 공책 / 한 권
   학 생 1 : 공책 한 권에 얼마입니까? (1,000원)
   학 생 2 : 한 권에 1,000원씩이에요.

2) 선 생 : 수박 / 한 통
   학 생 1 : 수박 한 통에 얼마입니까? (8,000원)
   학 생 2 : 한 통에 8,000원씩이에요.

3) 선 생 : 장미꽃 / 한 송이
   학 생 1 : 장미꽃 한 송이에 얼마입니까? (500원)
   학 생 2 : 한 송이에 500원씩이에요.

4) 선 생 : 불고기 / 1인 분
   학 생 1 : 불고기 1인 분에 얼마입니까? (6,000원)
   학 생 2 : 1인 분에 6,000원씩이에요.

5) 선 생 : 엽서 / 한 장
   학 생 1 : 엽서 한 장에 얼마입니까? (300원)
   학 생 2 : 한 장에 300원씩이에요.

15. 2   D2

(보기) 선 생   : 이 생선
　　　학 생 1 : 이 생선 어떻게 합니까? (한 마리 / 3,000원)
　　　학 생 2 : 한 마리에 3,000원입니다.

1) 선 생   : 이 손수건
　 학 생 1 : 이 손수건 어떻게 합니까? (한 장 / 2,500원)
　 학 생 2 : 한 장에 2,500원입니다.

2) 선 생   : 이 꽃
　 학 생 1 : 이 꽃 어떻게 합니까? (한 다발 / 4,000원)
　 학 생 2 : 한 다발에 4,000원입니다.

3) 선 생   : 이 딸기
　 학 생 1 : 이 딸기 어떻게 합니까? (한 상자 / 3,500원)
　 학 생 2 : 한 상자에 3,500원입니다.

4) 선 생   : 이 양말
　 학 생 1 : 이 양말 어떻게 합니까? (세 켤레 / 5,000원)
　 학 생 2 : 세 켤레에 5,000원입니다.

5) 선 생   : 이 귤
　 학 생 1 : 이 귤 어떻게 합니까? (다섯 개 / 1,000원)
　 학 생 2 : 다섯 개에 1,000원입니다.

15. 2   D3

(보기) 선 생 : 과일 / 삽니다.
　　　학 생 : 다른 과일은 더 안 사세요?

1) 선 생 : 안주 / 시킵니다.
   학 생 : 다른 안주는 더 안 시키세요?

2) 선 생 : 물건 / 필요합니다.
   학 생 : 다른 물건은 더 안 필요하세요?

3) 선 생 : 분 / 옵니다.
   학 생 : 다른 분은 더 안 오세요?

4) 선 생 : 책 / 빌립니다.
   학 생 : 다른 책은 더 안 빌리세요?

5) 선 생 : 친구 / 만납니다.
   학 생 : 다른 친구는 더 안 만나세요?

15.3 D1

(보기) 선 생 : 제가 도와 드리겠습니다 / 염려하지 마세요.
       학 생 : 제가 도와 드릴테니까 염려하지 마세요.

1) 선 생 : 싸게 해 드리겠습니다 / 사세요.
   학 생 : 싸게 해 드릴테니까 사세요.

2) 선 생 : 제가 곧 가겠습니다 / 잠깐만 기다려 주세요.
   학 생 : 제가 곧 갈테니까 잠깐만 기다려 주세요.

3) 선 생 : 시간이 많이 걸리겠습니다 / 일찍 출발합시다.
   학 생 : 시간이 많이 걸릴테니까 일찍 출발합시다.

4) 선 생 : 그분이 한국말을 잘 하겠습니다 / 한국말로 이야기 합시다.
   학 생 : 그분이 한국말을 잘 할테니까 한국말로 이야기 합시다.

5) 선 생 : 광화문으로 해서 가면 복잡하겠습니다 / 시청 앞으로 해서

갑시다.

학 생 : 광화문으로 해서 가면 복잡할테니까 시청 앞으로 해서 갑
시다.

15.3 D2

(보기) 선 생 : 오후에 비가 올까요? (우산을 가지고 가다)

학 생 : 예, 오후에 비가 올테니까 우산을 가지고 가십시오.

1) 선 생 : 김 선생님이 틀림없이 오실까요? (조금만 더 기다리다)

학 생 : 예, 김 선생님이 틀림없이 오실테니까 조금만 더 기다리십시
오.

2) 선 생 : 한 달 후에도 자리가 있을까요? (염려 말다)

학 생 : 예, 한 달 후에도 자리가 있을테니까 염려 마십시오.

3) 선 생 : 돈이 많이 들까요? (넉넉하게 준비하다)

학 생 : 예, 돈이 많이 들테니까 넉넉하게 준비하십시오.

4) 선 생 : 그 모임에 가시겠습니까? (선생님도 꼭 오다)

학 생 : 예, 그 모임에 갈 테니까 선생님도 꼭 오십시오.

5) 선 생 : 영어를 가르쳐 주시겠습니까? (한자를 가르쳐 주다)

학 생 : 예, 영어를 가르쳐 드릴테니까 한자를 가르쳐 주십시오.

15.3 D3

(보기) 선 생 : 눈이 많이 왔습니다 / 길이 미끄럽습니다.

학 생 : 눈이 많이 와서 길이 미끄럽겠는데요.

1) 선 생 : 시험을 못 봤습니다 / 부모님께 꾸중을 듣습니다.
   학 생 : 시험을 못 봐서 부모님께 꾸중을 듣겠는데요.

2) 선 생 : 장학금을 받았습니다 / 기분이 좋습니다.
   학 생 : 장학금을 받아서 기분이 좋겠는데요.

3) 선 생 : 휴일입니다 / 극장에 사람이 많습니다.
   학 생 : 휴일이어서 극장에 사람이 많겠는데요.

4) 선 생 : 아버님이 편찮으십니다 / 걱정이 됩니다.
   학 생 : 아버님이 편찮으셔서 걱정이 되겠는데요.

5) 선 생 : 주차장이 좁습니다 / 불편합니다.
   학 생 : 주차장이 좁아서 불편하겠는데요.

15. 3   D4

(보기) 선 생   : 하루에 몇 시간 / 공부합니까?
       학 생 1 : 하루에 몇 시간이나 공부합니까? (세 시간)
       학 생 2 : 하루에 세 시간쯤 공부합니다.

1) 선 생   : 주차장에 차가 몇 대 / 있습니까?
   학 생 1 : 주차장에 차가 몇 대나 있습니까? (스무 대)
   학 생 2 : 주차장에 차가 스무 대쯤 있습니다.

2) 선 생   : 한 달에 책을 몇 권 / 읽습니끼?
   학 생 1 : 한 달에 책을 몇 권이나 읽습니까? (세 권)
   학 생 2 : 한 달에 책을 세 권쯤 읽습니다.

3) 선 생   : 일주일에 용돈을 얼마 / 씁니까?
   학 생 1 : 일주일에 용돈을 얼마나 씁니까? (6만원)
   학 생 2 : 일주일에 용돈을 6만원쯤 씁니다.

4) 선 생 : 그 회사에서 몇 년 / 일했습니까?
   학 생 1 : 그 회사에서 몇 년이나 일했습니까? (5년)
   학 생 2 : 그 회사에서 5년쯤 일했습니다.

5) 선 생 : 한국에 온 지 얼마 / 되었습니까?
   학 생 1 : 한국에 온 지 얼마나 되었습니까? (8개월)
   학 생 2 : 한국에 온 지 8개월쯤 되었습니다.

15.3 D5

(보기) 선 생 : 하루에 커피를 몇 잔이나 마십니까? (넉 잔)
       학 생 1 : 하루에 커피를 넉 잔 마십니다.
       학 생 2 : 넉 잔이나요?

1) 선 생 : 손님들을 몇 명이나 초대하셨습니까? (열다섯 명)
   학 생 1 : 손님들을 열다섯 명 초대했습니다.
   학 생 2 : 열다섯 명이나요?

2) 선 생 : 집에서 학교까지 얼마나 걸립니까? (한 시간 반)
   학 생 1 : 집에서 학교까지 한 시간 반 걸립니다.
   학 생 2 : 한 시간 반이나요?

3) 선 생 : 지난 학기에 몇 번이나 결석했습니까? (일곱 번)
   학 생 1 : 지난 학기에 일곱 번 결석했습니다.
   학 생 2 : 일곱 번이나요?

4) 선 생 : 맥주를 몇 병이나 마실 수 있습니까? (열 병)
   학 생 1 : 맥주를 열 병 마실 수 있습니다.
   학 생 2 : 열 병이나요?

5) 선 생 : 어제 몇 시간이나 주무셨습니까? (열 시간)

학 생 1 : 어제 열 시간 잤습니다.

학 생 2 : 열 시간이나요?

15.4 D1

(보기) 선 생 : 저 기억하십니까? (어제 여기 오셨다.)

학 생 : 어제 여기 오신 분 아니세요?

1) 선 생 : 저 기억하십니까? (지난 번에 오 선생님과 만났다)

   학 생 : 지난 번에 오 선생님과 만난 분 아니세요?

2) 선 생 : 저 기억하십니까? (옆 집에 이사 오셨다)

   학 생 : 옆 집에 이사 오신 분 아니세요?

3) 선 생 : 저 기억하십니까? (2급 때 같이 공부했다)

   학 생 : 2급 때 같이 공부한 분 아니세요?

4) 선 생 : 저 기억하십니까? (작년에 졸업하셨다)

   학 생 : 작년에 졸업하신 분 아니세요?

5) 선 생 : 저 기억하십니까? (대사관에서 일하시다)

   학 생 : 대사관에서 일하시는 분 아니세요?

15.4 D2

(보기) 선 생 : 아이들이 잡니다.

학 생 : 아이들이 자는 모양입니다.

1) 선 생 : 김 선생님이 편찮으십니다.

   학 생 : 김 선생님이 편찮으신 모양입니다.

2) 선 생 : 영화가 재미없습니다.
   학 생 : 영화가 재미없는 모양입니다.

3) 선 생 : 저분은 한국 사람이 아닙니다.
   학 생 : 저분은 한국 사람이 아닌 모양입니다.

4) 선 생 : 교통 사고가 났습니다.
   학 생 : 교통 사고가 난 모양입니다.

5) 선 생 : 비가 오겠습니다.
   학 생 : 비가 올 모양입니다.

15.4   D3

(보기) 선 생 : 요즘 정 선생님을 만나기가 어려운데요. (바쁘시다)
       학 생 : 바쁘신 모양이에요.

1) 선 생 : 김 선생님이 아직 퇴근을 안 하셨는데요. (할 일이 많다)
   학 생 : 할 일이 많은 모양이에요.

2) 선 생 : 밖이 시끄러운데요. (학생들이 체육대회를 하다)
   학 생 : 학생들이 체육대회를 하는 모양이에요.

3) 선 생 : 다나까 씨가 기분이 좋은 것 같아요. (시험을 잘 봤다)
   학 생 : 시험을 잘 본 모양이에요.

4) 선 생 : 계속 전화를 해도 받지 않아요. (외출했다)
   학 생 : 외출한 모양이에요.

5) 선 생 : 하늘에 구름이 많이 끼었군요. (곧 눈이 오겠다)
   학 생 : 곧 눈이 올 모양이에요.

15.4 D4

(보기) 선 생 : 이 아이가 자꾸 울어요. (감기에 걸렸다)
　　　　학 생 : 어디 봅시다. 감기에 걸렸군요.

1) 선 생 : 불이 안 들어오는데요. (전구가 끊어졌다)
　　학 생 : 어디 봅시다. 전구가 끊어졌군요.

2) 선 생 : 이가 아파서 죽겠어요. (이가 썩었다)
　　학 생 : 어디 봅시다. 이가 썩었군요.

3) 선 생 : 이 옷이 어제 산 거에요. (잘 어울리다)
　　학 생 : 어디 봅시다. 잘 어울리는군요.

4) 선 생 : 이게 우리 아이 사진이에요. (아주 예쁘다)
　　학 생 : 어디 봅시다. 아주 예쁘군요.

5) 선 생 : 이것 좀 번역해 주시겠어요? (시간이 많이 걸리겠다)
　　학 생 : 어디 봅시다. 시간이 많이 걸리겠군요.

15.5 D1

(보기) 선 생 : 박 선생이 꽃을 좋아할까요? (꽃을 좋아하다 / 사람)
　　　　학 생 : 예, 꽃을 좋아하지 않는 사람이 없어요.

1) 선 생 : 날마다 바쁘세요? (바쁘다 / 날)
　　학 생 : 예, 바쁘지 않은 날이 없어요.

2) 선 생 : 그 회사 직원들이 열심히 일해요? (열심히 일하다 / 사람)
　　학 생 : 예, 열심히 일하지 않는 사람이 없어요.

3) 선 생 : 모두 참석했어요? (참석했다 / 사람)
　　학 생 : 예, 참석하지 않은 사람이 없어요.
　　　　　attend

4) 선 생 : 그 학교에서 영어를 가르칩니까? (영어를 가르치다 / 곳)
   학 생 : 예, 영어를 가르치지 않는 곳이 없어요.

5) 선 생 : 요즘 물건이 비싸요? (비싸다 / 것)
   학 생 : 예, 비싸지 않은 것이 없어요.

15.5 D2

(보기) 선 생 : 요즘 바쁘세요?
       학 생 : 아니오, 그리 바쁘지 않아요.

1) 선 생 : 바둑을 좋아하세요?
   학 생 : 아니오, 그리 좋아하지 않아요.

2) 선 생 : 그쪽 길이 복잡해요?
   학 생 : 아니오, 그리 복잡하지 않아요.

3) 선 생 : 영호 씨와 친하세요?
   학 생 : 아니오, 그리 친하지 않아요.

4) 선 생 : 비가 많이 와요?
   학 생 : 아니오, 그리 많이 오지 않아요.

5) 선 생 : 여행을 자주 하세요?
   학 생 : 아니오, 그리 자주 하지 않아요.

15.5 D3

(보기) 선 생 : 친구를 기다립니다 / 음악을 듣습니다.
       학 생 : 친구를 기다리면서 음악을 듣습니다.

1) 선 생 : 신문을 읽습니다 / 차를 마십니다.
   학 생 : 신문을 읽으면서 차를 마십니다.

2) 선 생 : 커피를 마십니다 / 이야기합니다.
   학 생 : 커피를 마시면서 이야기합니다.

3) 선 생 : 웃습니다 / 인사합니다.
   학 생 : 웃으면서 인사합니다.

4) 선 생 : 부모님을 생각합니다 / 편지를 씁니다.
   학 생 : 부모님을 생각하면서 편지를 씁니다.

5) 선 생 : 피아노를 칩니다 / 노래를 부릅니다.
   학 생 : 피아노를 치면서 노래를 부릅니다.

15.5 D4

(보기) 선 생 : 사진을 보면서 가족 생각을 하세요?
       학 생 : 예, 사진을 보면서 가족 생각을 해요.

1) 선 생 : 운전을 하면서 라디오를 들으세요?
   학 생 : 예, 운전을 하면서 라디오를 들어요.

2) 선 생 : 저녁 식사를 하면서 TV를 보세요?
   학 생 : 예, 저녁 식사를 하면서 TV를 봐요.

3) 선 생 : 요리책을 보면서 음식을 만드세요?
   학 생 : 예, 요리책을 보면서 음식을 만들어요.

4) 선 생 : 점심을 먹으면서 이야기할까요?
   학 생 : 예, 점심을 먹으면서 이야기합시다.

5) 선 생 : 경치를 구경하면서 천천히 올라갈까요?
   학 생 : 예, 경치를 구경하면서 천천히 올라갑시다.

제 16 과

여 행

1

사무실에서

존　슨 : 오늘은 날씨가 참 좋지요?

최 영 수 : 예, 이런 날은 여행이나 했으면 좋겠어요.

존　슨 : 여행을 많이 하십니까?

최 영 수 : 아니오, 좋아합니다만 시간이 없어서 자주 못
가요.

존　슨 : 저는 이번 연휴에 등산을 가려고 하는데 같이
가시겠습니까?

최 영 수 : 그럴까요?

어디로 가실 계획인데요?

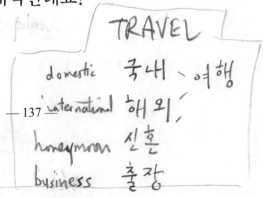

137

②

여행사에서

존   슨 : 설악산에 가는 버스는 몇 시에 있습니까?

직   원 : 설악산행은 시간마다 있습니다.

존   슨 : 그럼, 내일 표로 두 장만 주세요.

직   원 : 몇 시 거 말입니까?

존   슨 : 아침 10시 거요. (것을)

그리고 호텔 예약도 2박 3일로 부탁합니다.

직   원 : 글쎄요. 요즘은 관광철이기 때문에 지금 예약이

될지 모르겠습니다. 잠깐만 기다려 보십시오.

여행사	travel agency	행	headed for	설악산	Mount Sorak
예약	reservation	2박 3일	2 nights 3 days		
부탁하다	I request…, please do it for me			관광철	the tourist season

예습 하다 - preview
예매 하다 - sell in advance

③

호텔에서

직   원 : 방이 어떻습니까?

마음에 드십니까?

존   슨 : 예, 밝고 따뜻해서 좋아요.

직   원 : 뭐 불편한 게 있으면 언제든지 말씀하세요.

존   슨 : 지금은 부탁할 게 별로 없는데요.

아 참, 이곳 관광 안내서가 있으면 하나 주십시오.

직   원 : 저기 책상 위에 있습니다.

그리고 바닷가로 가는 관광버스가 오전 8시에

출발합니다. 많이 이용하십시오.

존   슨 : 그것 참 잘 됐군요. 고맙습니다.

밝다	bright, light	관광 안내서	tourist guide
바닷가	seaside, coast	출발하다	to depart, leave
이용하다	to use, utilize, avail oneself of		

4

존   슨 : 이 절은 오래되었나요?

최 영 수 : 예, 유명한 절 중의 하나입니다.

절	temple [Buddhist]	유명하다	famous

존   슨 : 이런 데 오면 엄숙한 기분이 들어요.

최 영 수 : 아마 깊은 산 속에 있어서 그런가봐요.

존   슨 : 힘드시지 않아요?   *힘드시잖아요*

　　　　　　좀 쉬었다가 갑시다.

최 영 수 : 예, 저기 가서 약수도 마시고요.

얕다 shallow

엄숙하다	solemn, grave, dignified	기분	mood, feeling, state of mind
힘들다	[it] requires/takes effort— is tired, difficult	약수	medicinal water, spring water

깊다   deep

약수터 place

중 = 中 = center

⑤

한국에는 아름다운 산이 많습니다.

강원도에 있는 설악산은 높이가 1,708미터이고 우리나라에서 세번째로 높은 산입니다.

봄, 여름, 가을, 겨울, 철마다 변하는 경치가 아름답습니다.

푸른 동해바다가 가깝고, 근처에는 좋은 해수욕장들이 많습니다.

강원도	Kangwon Province	높이	height	철	season
변하다	to change	경치	scenery	동해바다	the Eastern Sea
해수욕장	beach, seaside beach				

푸르다
blue

설악산은 이렇게 좋은 자연 환경 때문에 사철 관광객이 찾아 갑니다.

이 곳은 1970년에 국립공원으로 지정되었습니다.

그래서, 숙박 시설이 다른 곳에 비해서 좋은 편입니다.

산과 바다를 같이 즐기려면 설악산이 제일 좋습니다.

지정하다 to designate

자연 환경 natural surroundings   국립공원 national park   지정되다 is designated
숙박 시설 lodging facilities   즐기다 to enjoy (it)

숙박비 -fee

사립 (private)

국립 대학
병원
도서관
박물관 museum

악기
musical instrument

1) 백두산
2) 한라산 ~2,700 met
3) 설악산 1,708 met
금강산 1,638 met

인구
population
(44 mill)

해외 교포   6 mill
immigrant Korean

22 mill 북한 North K
남한

Lesson 16

A Trip

1

(in the office)

Johnson	:	The weather is quite good today, isn't it?
Choi Youngsoo	:	Yes, on a day like this it would be nice to take a trip or something.
Johnson	:	Do you travel a lot?
Choi Youngsoo	:	No. I like to, but I have no time, so I can't go away often.
Johnson	:	I'm planning to go hiking this coming long weekend… would you like to come along?
Choi Youngsoo	:	Shall I? Where are you planning to go?

2

(at the Travel Agency)

Johnson	:	What time are there buses going to Mount Sorak?
Employee	:	There are buses bound for Mount Sorak every hour.
Johnson	:	In that case, please give me two tickets for tomorrow.
Employee	:	For what time ['s bus] do you mean?
Johnson	:	For the 10 o'clock [one = bus]. And please do the hotel reservation, too, for 2 nights and 3 days.
Employee	:	I'm not so sure about that. Because it's the tourist season nowadays,

I might not be able to make a reservation now ["a reservation may not work out now"]. Please wait a moment.

3

(in the hotel)

Employee   : How is the room? Do you like it?

Johnson   : Yes. It's good and warm and bright [It's warm and bright, so I like it].

Employee   : If you should experience any discomfort, please don't hesitate to let me know [If you have any discomfort, tell me at any time].

Johnson   : I don't have any particular requests at this moment. Oh—if you have tourist guides for this place, please let me have one.

Employee   : They're on top of that desk. And the buses for the seaside depart at 8 a.m. Please take advantage of them ["Please use them a lot"].

Johnson   : Well, that's fortunate ["That's turned out well"]. Thank you.

4

Johnson   : This temple is quite old [has been around a long time], isn't it?

Choi Youngsoo   : Yes, it's one of the famous temples.

Johnson   : When I come to a place like this, I get a solemn feeling.

Choi Youngsoo   : That's probably because it's deep in the mountains.

Johnson   : Aren't you tired? Let's take a rest before we go on.

Choi Youngsoo   : Yes, and let's go over there and drink some spring water.

5

There are many beautiful mountains in Korea.

Mount Sorak, located in Kangwon Province, has a height of 1,708 meters and is the third highest mountain in Korea ["our country"].

The blue Eastern Sea is nearby, and there are many good [ocean] beaches in the vicinity.

Because of its good natural surroundings [environment], tourists visit Mount Sorak during all four seasons.

In 1970, this place was designated a national park.

Thus, the lodging facilities are rather good compared to other places.

Mount Sorak is best if you want to enjoy the sea and the mountains.

문 법

16. 1 G1 -(으)ㅂ니다만

• This is simply the Formal Style final ending -(으)ㅂ니다 plus the 만 of -지만. It has the same meaning as -지만, i.e. "but."

예: 실례입니다만 성함이 어떻게 되십니까?	Excuse me, but what is your name?
미안합니다만 전화 좀 빌려 주세요.	I'm sorry, [but] please let me use your phone.
연락을 받았습니다만 갈 수 없습니다.	I got the message ["contact"], but cannot go.
방학입니다만 바쁩니다.	It is vacation, but I'm busy.
많이 쉬었습니다만 아직도 피곤합니다.	I've rested a lot, but I'm still tired.

16. 2 G1   -말이다

• This, a combination of 말 "words; speech; what one says" and the copula 이다, attaches to nouns and phrases and is used to ascertain the other speaker's meaning in questions, or else to emphasize one's own words in statements.

예: 김 선생: 그 사람 참 멋있어요.	*Mr. Kim* :	That person is really classy.
박 선생: 누구 말입니까?	*Mr. Pak* :	Who do you mean?
김 선생: 영철 씨 말입니다.	*Mr. Kim* :	I mean Young-chol.

| 김 선생: 돈이 모자랍니다. | *Mr. Kim* : | I don't have enough money |
| 박 선생: 월급을 탔는데 말입니까? | *Mr. Pak* : | [Do you mean to say that,] even though you've [just] gotten your salary? |

• In colloquial Korea, 말이다 is often thrown in after words or phrases without adding any particular meaning, as a kind of filler, like English "I mean," "you know," or "uh…," etc.

| 예: 저 말이지요, 제가 말이에요, 시골로 여행을 갔는데 말이에요,… | I, uh, I mean, I… For the first time in ages, you know, I went down, uh, to the countryside. |

16. 3 G1 -(이)든지

• This attaches to question words to signify "regardless of how/when/what," etc., that is "whenever, whoever, however."

• Attached to other nouns, it signifies "one of a series of at least two choices, but I don't care which."

예: 돈만 있으면 어디든지 갈 수 있어요.	If I just had money, I could go anywhere [at all].
모르는 것이 있으면 뭐든지 물어 보세요.	If there is something you don't know, just ask me anything [at all].
지금 주시면 얼마든지 먹을 수 있습니다.	If you give it to me now, I can eat as much of it as I like.
사과든지 배든지 한 가지만 사지요.	Whether apples or pears, buy just one sort.
내일이든지 모레든지 한 번 만납시다.	Let's meet once, whether tomorrow or the day after [I don't care which].

16.4 G1 -나요?

• This attaches to verb stems and expresses either 1) a question to one's interlocutor, or 2) a question addressed to oneself, often with the nuance "Gee, I wonder…" In either case, this form is a somewhat soft, polite one.

예: 그 영화가 어땠나요?	How was that movie [I wonder]?
내일쯤 만날 수 있나요?	Do you suppose we can meet tomorrow or so?
이 물건이 마음에 드시나요?	Does this [item] suit you [I wonder]?
댁의 주소가 바뀌었나요?	Has your home address changed [I wonder]?
전화가 안 되는데 고장이 났나요?	I can't get through [on the phone]; I wonder if maybe it is out of order?

16.4 G2 -는가요/ -(으)ㄴ가요?

• When these are attached to verb stems, they produce a meaning just like the form in -나요? above. -는가요? is used with action verbs, and -(으)ㄴ가요? with quality verbs.

• For future and past tenses, -았(었, 였)는가요? and -겠는가요? can be used without regard to whether the verb is an action or quality verb.

시제 〜 동사의 구분	동작동사	상태동사
현재	-나요?/-는가요?	-(으)ㄴ가요?
과거	-았(었, 였)나요?/ -았(었, 였) -는가요?	
미래	-겠나요?/-겠는가요?	

예: 하루에 돈을 얼마나 받는 가요? How much money does he get in a day [I wonder]?

205호 실은 조용한가요? Is room #205 quiet [I wonder]?

사무실이 여기서 멀지 않은 가요? Isn't the office far from here [I wonder]?

문은 잘 잠갔는가요? Did you lock the door properly?

이 색깔이 그 사람에게 어울리겠는가요? Will this color suit him?

16. 4 G3 -는가 보다 / -(으)ㄴ가 보다

• This is a combination of the final question ending -는가 and the auxiliary verb 보다. We say "auxiliary verb," because 보다 here behaves differently from the verb 보다 "to see." The latter is an action verb, but 보다 here is a quality verb, and cannot take the form 본다. The meaning of this pattern is "it seems…"

• Action verbs usually prefer the similar pattern -나 보다.

예: 김치가 매운가 봅니다. The *kimchee* seems to be spicy.

동생이 시험에 너무 신경을 쓰는가 봐요. My younger brother seems to be too worried about the exam.

그 여자는 아직 미혼인가 봐요. That woman seems to be still unmarried.

감기 때문에 기침이 심한가 봅니다. My cough seems to be severe because of the cold.

화초에 물을 너무 많이 주었나 봐요. It seems I've given too much water to the plants.

사람이 많은 걸 보니까 무슨 일이 생겼나 봐요. Judging by how many people there are, it seems something has happened.

16.5 G1 -에 비해서

• This attaches to nouns and means "compared to…, in comparison with…" The object of the comparison takes the -에.

예: 지하철이 버스에 비해서 빠릅니다.	The subway is faster compared to the bus.
김밥이 국수에 비해서 먹기가 쉬워요.	*Kimpap* is easier to eat compared to *kooksoo*.
아파트가 단독주택에 비해서 편해요.	Apartments are more convenient compared to houses.
막내가 형에 비해서 성격이 좋은가 봐요.	The baby of the family seems to have a better character compared to his elder brother.
땅에 비해서 인구가 많습니다.	The population is [too] large compared to the space ["land"].

유형 연습

16. 1 D1

(보기) 선 생 : 오늘 뭘 하고 싶으세요? (잠을 자다)
　　　　학 생 : 잠이나 잤으면 좋겠어요.

1) 선 생 : 오후에 뭘 하고 싶으세요? (영화를 보다)
　　학 생 : 영화나 봤으면 좋겠어요.

2) 선 생 : 겨울방학 때 뭘 하고 싶으세요? (스키를 타다)
　　학 생 : 스키나 탔으면 좋겠어요.

3) 선 생 : 점심에 뭘 잡수시고 싶으세요? (시원한 냉면을 먹다)
　　학 생 : 시원한 냉면이나 먹었으면 좋겠어요.

4) 선 생 : 지금 뭘 하고 싶으세요? (수영장에 가다)
　　학 생 : 수영장에나 갔으면 좋겠어요.

5) 선 생 : 주말에 뭘 하고 싶으세요? (아이들과 같이 서울대공원에 가다)
　　학 생 : 아이들과 같이 서울대공원에나 갔으면 좋겠어요.

16. 1 D2

(보기) 선 생 : 휴일입니다 / 할 일이 많습니다.
　　　　학 생 : 휴일입니다만 할 일이 많습니다.

1) 선 생 : 질이 좋습니다 / 값이 비쌉니다.
　　학 생 : 질이 좋습니다만 값이 비쌉니다.

2) 선 생 : 이 책이 재미있습니다 / 좀 어렵습니다.
   학 생 : 이 책이 재미있습니다만 좀 어렵습니다.

3) 선 생 : 열심히 노력합니다 / 잘 하지 못합니다.
   학 생 : 열심히 노력합니다만 잘 하지 못합니다.

4) 선 생 : 죄송합니다 / 잠깐 비켜 주세요.
   학 생 : 죄송합니다만 잠깐 비켜 주세요.

5) 선 생 : 친구 집에 갔습니다 / 만나지 못했습니다.
   학 생 : 친구 집에 갔습니다만 만나지 못했습니다.

16. 1 D3

(보기) 선 생 : 한국말을 열심히 공부합니까? (잘 못하다)
       학 생 : 예, 한국말을 열심히 공부합니다만 잘 못합니다.

1) 선 생 : 술을 좋아합니까? (많이 마시지 못하다)
   학 생 : 예, 술을 좋아합니다만 많이 마시지 못합니다.

2) 선 생 : 운전면허증이 있습니까? (운전을 하지 않다)
   학 생 : 예, 운전면허증이 있습니다만 운전을 하지 않습니다.

3) 선 생 : 지하철이 빠릅니까? (복잡하다)
   학 생 : 예, 지하철이 빠릅니다만 복잡합니다.

4) 선 생 : 김 선생님께 전화하셨습니까? (안 계셨다)
   학 생 : 예, 김 선생님께 전화했습니다만 안 계셨습니다.

5) 선 생 : 그 친구를 만났습니까? (금방 헤어졌다)
   학 생 : 예, 그 친구를 만났습니다만 금방 헤어졌습니다.

16. 1　D4

(보기) 선 생 :　인천에 갑니다 　/　같이 갑니다.
　　　　학 생 :　인천에 가려고 하는데 같이 가시겠습니까?

1) 선 생 :　태권도를 배웁니다 　/　가르쳐 주십니다.
　　학 생 :　태권도를 배우려고 하는데 가르쳐 주시겠습니까?

2) 선 생 :　서울 구경을 합니다 　/　안내해 주십니다.
　　학 생 :　서울 구경을 하려고 하는데 안내해 주시겠습니까?

3) 선 생 :　탁구를 칩니다 　/　같이 칩니다.
　　학 생 :　탁구를 치려고 하는데 같이 치시겠습니까?

4) 선 생 :　짐을 옮깁니다 　/　도와 주십니다.
　　학 생 :　짐을 옮기려고 하는데 도와 주시겠습니까?

5) 선 생 :　사진을 찍습니다 　/　같이 찍습니다.
　　학 생 :　사진을 찍으려고 하는데 같이 찍으시겠습니까?

16. 1　D5

(보기) 선 생 :　오늘 우리 집에 손님을 초대했어요. (무슨 날이다)
　　　　학 생 :　무슨 날인데요?

1) 선 생 :　제 생일에 꼭 오세요. (언제이다)
　　학 생 :　언제인데요?

2) 선 생 :　출장을 갈 예정이에요. (어디로 가시다)
　　학 생 :　어디로 가시는데요?

3) 선 생 :　지금 병원에 가는 길이에요. (어디가 아프다)
　　학 생 :　어디가 아픈데요?

4) 선 생 : 이 원피스가 아주 마음에 들어요. (어디에서 사셨다)
   학 생 : 어디에서 사셨는데요?

5) 선 생 : 어제 저녁이 참 맛있었어요. (뭘 잡수셨다)
   학 생 : 뭘 잡수셨는데요?

16.2 D1

(보기) 선 생   : 그분을 만나셨어요? (누구)
       학 생 1 : 누구 말입니까? (이 과장님)
       학 생 2 : 이 과장님 말입니다.

1) 선 생   : 그것을 좀 주시겠어요? (뭐)
   학 생 1 : 뭐 말입니까? (그 신문)
   학 생 2 : 그 신문 말입니다.

2) 선 생   : 돈을 내셨어요? (무슨 돈)
   학 생 1 : 무슨 돈 말입니까? (등록금)
   학 생 2 : 등록금 말입니다.
   registration fee

3) 선 생   : 거기에 갔다가 오셨어요? (어디)
   학 생 1 : 어디 말입니까? (연대 축제)
   학 생 2 : 연대 축제 말입니다.
   festival

4) 선 생   : 실익산으로 여행갈까요? (언제)
   학 생 1 : 언제 말입니까? (이번 연휴에)
   학 생 2 : 이번 연휴에 말입니다.

5) 선 생   : 문제가 있으면 꼭 말씀하세요. (누구한테)
   학 생 1 : 누구한테 말입니까? (선생님한테)
   학 생 2 : 선생님한테 말입니다.

16. 2 D2

(보기) 선 생 : 음료수는 뭘 드시겠어요? (사이다)
       학 생 : 사이다로 부탁합니다.

1) 선 생 : 몇 시 걸 드릴까요? (두 시 표)
   학 생 : 두 시 표로 부탁합니다.

2) 선 생 : 어떤 자리로 예약할까요? (창가)
   학 생 : 창가로 부탁합니다.

3) 선 생 : 이 편지를 어떻게 보낼까요? (속달)
   학 생 : 속달로 부탁합니다.

4) 선 생 : 현금으로 드릴까요? 수표로 드릴까요? (현금)
   학 생 : 현금으로 부탁합니다.

5) 선 생 : 밥으로 드릴까요? 빵으로 드릴까요? (빵)
   학 생 : 빵으로 부탁합니다.

16. 2 D3

(보기) 선 생 : 손님들이 제 시간에 오실까요? (비가 많이 오다)
       학 생 : 글쎄요, 비가 많이 오기 때문에 손님들이 제 시간에
               오실지 모르겠습니다.

1) 선 생 : 이따가 다시 들르실 수 있어요? (오늘은 일이 많다)
   학 생 : 글쎄요, 오늘은 일이 많기 때문에 이따가 다시 들를 수 있을
           지 모르겠습니다.

2) 선 생 : 그분 댁을 찾을 수 있어요? (오래간만에 가다)
   학 생 : 글쎄요, 오래간만에 가기 때문에 그분 댁을 찾을 수 있을지
           모르겠습니다.

3) 선 생 : 학생들이 그 책을 이해할까요? (어려운 단어가 많다)
   학 생 : 글쎄요, 어려운 단어가 많기 때문에 학생들이 그 책을 이해할
   지 모르겠습니다.

4) 선 생 : 올해 그 회사에서 사원을 뽑을까요? (불경기이다)
   학 생 : 글쎄요, 불경기이기 때문에 올해 그 회사에서 사원을 뽑을지
   모르겠습니다.

5) 선 생 : 그분이 우리를 알아볼까요? (만난 지 오래 되었다.)
   학 생 : 글쎄요, 만난 지 오래 되었기 때문에 그분이 우리를 알아볼
   지 모르겠습니다.

16.3 D1

(보기) 선 생 : 가보고 싶은 곳 (어디)
       학 생 : 어디 가보고 싶은 곳이 있습니까?

1) 선 생 : 만날 사람 (누구)
   학 생 : 누구 만날 사람이 있습니까?

2) 선 생 : 잡수시고 싶은 것 (뭐)
   학 생 : 뭐 잡수시고 싶은 것이 있습니까?

3) 선 생 : 일본에 간 일 (언제)
   학 생 : 언제 일본에 간 일이 있습니까?

4) 선 생 : 할 얘기 (뭐)
   학 생 : 뭐 할 얘기가 있습니까?

5) 선 생 : 갈 데 (어디)
   학 생 : 어디 갈 데가 있습니까?

16.3 D2

(보기) 선 생 : 누구 / 이 일을 할 수 있습니다.
　　　학 생 : 누구든지 이 일을 할 수 있습니다.

1) 선 생 : 무엇 / 어머니하고 의논합니다.
　 학 생 : 무엇이든지 어머니하고 의논합니다.

2) 선 생 : 언제 / 모르는 것이 있으면 물어보세요.
　 학 생 : 언제든지 모르는 것이 있으면 물어보세요.

3) 선 생 : 남자 / 여자 / 능력이 있어야 해요.
　 학 생 : 남자든지 여자든지 능력이 있어야 해요.

4) 선 생 : 볼펜 / 연필 / 하나만 빌려주세요.
　 학 생 : 볼펜이든지 연필이든지 하나만 빌려주세요.

5) 선 생 : 내일 / 모레 / 편한 시간에 오세요.
　 학 생 : 내일이든지 모레든지 편한 시간에 오세요.

16.3 D3

(보기) 선 생 : 어디가 좋을까요?
　　　학 생 : 어디든지 괜찮습니다.

1) 선 생 : 언제쯤 찾아 뵐까요?
　 학 생 : 언제든지 괜찮습니다.

2) 선 생 : 뭘 드시겠어요?
　 학 생 : 뭐든지 괜찮습니다.

3) 선 생 : 무슨 색으로 살까요?
　 학 생 : 무슨 색이든지 괜찮습니다.

4) 선 생 : 누구에게 이 일을 시킬까요?
   학 생 : 누구에게든지 괜찮습니다.

5) 선 생 : 어디에서 만날까요?
   학 생 : 어디에서든지 괜찮습니다.

16. 3 D4

(보기) 선 생 : 틈이 있으면 뭘 하세요? (소설책을 읽다)
      학 생 : 틈이 있으면 언제든지 소설책을 읽어요.

1) 선 생 : 상여금을 받으면 뭘 하세요? (저축을 하다)
   학 생 : 상여금을 받으면 언제든지 저축을 해요.

2) 선 생 : 모르는 것이 있으면 어떻게 하세요? (선생님께 질문하다)
   학 생 : 모르는 것이 있으면 언제든지 선생님께 질문해요.

3) 선 생 : 피곤하면 뭘 하세요? (잠을 자다)
   학 생 : 피곤하면 언제든지 잠을 자요.

4) 선 생 : 친구를 만나면 뭘 하세요? (오락실에 가다)
   학 생 : 친구를 만나면 언제든지 오락실에 가요.

5) 선 생 : 물건이 마음에 들지 않으면 어떻게 하세요? (바꾸다)
   학 생 : 물건이 마음에 들지 않으면 언제든지 바꿔요.

16. 3 D5

(보기) 선 생 : 회사 근처로 이사를 해서 다니기가 편해요.
      학 생 : 그것 참 잘 됐군요.

1) 선 생 : 친구가 제 일을 도와 주기로 했어요.
   학 생 : 그것 참 잘 됐군요.

2) 선 생 : 아르바이트를 시작했어요.
   학 생 : 그것 참 잘 됐군요.

3) 선 생 : 취직 시험에 합격했어요.
   학 생 : 그것 참 잘 됐군요.

4) 선 생 : 우리 오빠가 다음달에 결혼하기로 했어요.
   학 생 : 그것 참 잘 됐군요.

5) 선 생 : 이번에 과장으로 승진해요.
   학 생 : 그것 참 잘 됐군요.

16.4 D1

(보기) 선 생 : 매주 교회에 갑니까?
      학 생 : 매주 교회에 가나요?

1) 선 생 : 언제 한복을 입습니까?
   학 생 : 언제 한복을 입나요?

2) 선 생 : 숙제를 다 했습니까?
   학 생 : 숙제를 다 했나요?

3) 선 생 : 요즘 한가합니까?
   학 생 : 요즘 한가한가요?

4) 선 생 : 할 일이 많습니까?
   학 생 : 할 일이 많은가요?

5) 선 생 : 어제 파티가 즐거웠습니까?
   학 생 : 어제 파티가 즐거웠나요?

16.4 D2

(보기) 선 생 : 어디에서 태권도를 배웁니까?
　　　 학 생 1 : 어디에서 태권도를 배우나요? (신촌체육관)
　　　 학 생 2 : 신촌체육관에서 태권도를 배워요.

1) 선 생 : 수업이 몇 시에 끝납니까?
　 학 생 1 : 수업이 몇 시에 끝나나요? (한 시)
　 학 생 2 : 수업이 한 시에 끝나요.

2) 선 생 : 언제 졸업하셨습니까?
　 학 생 1 : 언제 졸업하셨나요? (작년 2월)
　 학 생 2 : 작년 2월에 졸업했어요.

3) 선 생 : 저기 서 계신 분이 누굽니까?
　 학 생 1 : 저기 서 계신 분이 누군가요? (사장님)
　 학 생 2 : 저기 서 계신 분이 사장님이에요.

4) 선 생 : 한 달에 생활비가 얼마나 필요합니까?
　 학 생 1 : 한 달에 생활비가 얼마나 필요한가요? (30만원)
　 학 생 2 : 한 달에 생활비가 30만원 필요해요.

5) 선 생 : 거기에 가면 뭘 볼 수 있습니까?
　 학 생 1 : 거기에 가면 뭘 볼 수 있나요? (민속춤)
　 학 생 2 : 거기에 가면 민속춤을 볼 수 있어요.

16.4 D3

(보기) 선 생 : 요즘 그 친구가 바쁩니다.
　　　 학 생 : 요즘 그 친구가 바쁜가봐요.

1) 선 생 : 그 학생은 꿈이 많습니다.
   학 생 : 그 학생은 꿈이 많은가봐요.

2) 선 생 : 이건 수입품입니다.   수입하다
                                   import
   학 생 : 이건 수입품인가봐요.

3) 선 생 : 아이들이 군것질을 좋아합니다.   snack
   학 생 : 아이들이 군것질을 좋아하나봐요.

4) 선 생 : 저기에 호텔을 짓습니다.
   학 생 : 저기에 호텔을 짓나봐요.

5) 선 생 : 선생님한테 꾸중을 들었습니다.
   학 생 : 선생님한테 꾸중을 들었나봐요.

16.4   D4

(보기) 선 생 : 그 친구는 꼭 귀가시간을 지켜요. (부모님이 엄하다)
       학 생 : 부모님이 엄해서 그런가봐요.

1) 선 생 : 영수 씨는 영어를 아주 잘해요. (미국에서 오랫동안 살다)
   학 생 : 미국에서 오랫동안 살아서 그런가봐요.

2) 선 생 : 강 선생님이 무척 피곤해 보여요. (일이 많다)
   학 생 : 일이 많아서 그런가봐요.

3) 선 생 : 왜 그렇게 교통이 복잡하지요? (비가 오다)
   학 생 : 비가 와서 그런가봐요.

4) 선 생 : 송 선생님이 왜 화가 나셨어요? (제가 농담을 하다)
   학 생 : 제가 농담을 해서 그런가봐요.

5) 선 생 : 학교가 조용하군요. (방학이 되다)
   학 생 : 방학이 되어서 그런가봐요.

16. 4 D5

(보기) 선 생 : 제가 이 일을 오늘까지 다 끝내겠습니다. (일이 너무 많다)

학 생 : 일이 너무 많잖아요?

1) 선 생 : 갈비 3인 분을 시킬까요? (좀 적다)
   학 생 : 좀 적잖아요?

2) 선 생 : 학교까지 걸어갑시다. (너무 멀다)
   학 생 : 너무 멀잖아요?

3) 선 생 : 누구에게 이 일을 시킬까요? (영수가 잘 하다)
   학 생 : 영수가 잘 하잖아요?

4) 선 생 : 창문을 열까요? (시끄럽다)
   학 생 : 시끄럽잖아요?

5) 선 생 : 다섯 시에 떠나도 괜찮습니까? (너무 늦다)
   학 생 : 너무 늦잖아요?

16. 4 D6

(보기) 선 생 : 한국 풍습을 공부하고 싶어요? (탈춤도 배우고 싶다)

학 생 : 예, 탈춤도 배우고 싶고요.

1) 선 생 : 오늘 모임에 전 선생님도 나오세요? (박 선생님도 나오시다)
   학 생 : 예, 박 선생님도 나오시고요.

2) 선 생 : 기침을 많이 해요? (열도 있다)
   학 생 : 예, 열도 있고요.

3) 선 생 : 학생 식당 음식이 맛있어요? (값도 싸다)

    학 생 : 예, 값도 싸고요.

4) 선 생 : 한국말 많이 배우셨어요? (한국 친구도 많이 사귀었다)

    학 생 : 예, 한국 친구도 많이 사귀었고요.

5) 선 생 : 경주에 가서 구경 많이 하셨어요? (역사 공부도 했다)

    학 생 : 예, 역사 공부도 했고요.

16.5 D1

(보기) 선 생 : 저 / 이미영입니다 / 연세대학교에 다닙니다 / 학생

    학 생 : 저는 이미영이고 연세대학교에 다니는 학생입니다.

1) 선 생 : 민호 / 저와 친합니다 / 우리 교실에서 제일 열심히 공부합니다 / 학생

    학 생 : 민호는 저와 친하고 우리 교실에서 제일 열심히 공부하는 학생입니다.

2) 선 생 : 이 회사 / 자동차와 컴퓨터를 만듭니다 / 수출을 많이 합니다 / 회사

    학 생 : 이 회사는 자동차와 컴퓨터를 만들고 수출을 많이 하는 회사입니다.

3) 선 생 : 이 양복 / 어머니께서 사 주셨습니다 / 제가 제일 좋아합니다 / 옷

    학 생 : 이 양복은 어머니께서 사 주셨고 제가 제일 좋아하는 옷입니다.

4) 선 생 : 이 잡지 / 월간지입니다 / 주부들이 많이 읽습니다 / 것

    학 생 : 이 잡지는 월간지이고 주부들이 많이 읽는 것입니다.

housewife

5) 선 생 : 한국어학당 / 1959년에 세워졌습니다 / 외국인에게 한국말
을 가르칩니다 / 곳

  학 생 : 한국어학당은 1959년에 세워졌고 외국인에게 한국말을 가르
치는 곳입니다.

16.5 D2

(보기) 선 생 : 아파트 / 단독주택 / 편합니다.

  학 생 : 아파트가 단독주택에 비해서 편합니다.

1) 선 생 : 남대문시장 / 백화점 / 물건값이 쌉니다.

  학 생 : 남대문시장이 백화점에 비해서 물건값이 쌉니다.

2) 선 생 : 시골 / 도시 / 공기가 맑습니다.

  학 생 : 시골이 도시에 비해서 공기가 맑습니다.

3) 선 생 : 여자 / 남자 / 오래 삽니다.

  학 생 : 여자가 남자에 비해서 오래 삽니다.

4) 선 생 : 영수 / 다른 학생 / 학교에 일찍 옵니다.

  학 생 : 영수가 다른 학생에 비해서 학교에 일찍 옵니다.

5) 선 생 : 올해 / 작년 / 비가 많이 왔습니다.

  학 생 : 올해가 작년에 비해서 비가 많이 왔습니다.

16.5 D3

(보기) 선 생 : 제 말이 빠릅니까? (다른 사람)

  학 생 : 예, 다른 사람에 비해서 빠른 편입니다.

1) 선 생 : 정수가 열심히 공부합니까? (다른 학생)
   학 생 : 예, 다른 학생에 비해서 열심히 공부하는 편입니다.

2) 선 생 : 용돈을 많이 씁니까? (친구들)
   학 생 : 예, 친구들에 비해서 많이 쓰는 편입니다.

3) 선 생 : 오후에는 한가합니까? (오전)
   학 생 : 예, 오전에 비해서 한가한 편입니다.

4) 선 생 : 읽기가 어렵습니까? (듣기)
   학 생 : 예, 듣기에 비해서 어려운 편입니다.

5) 선 생 : 영숙이가 이번 시험을 잘 봤습니까? (지난 시험)
   학 생 : 예, 지난 시험에 비해서 잘 본 편입니다.

16.5   D4

(보기) 선 생 : 편하게 여행하려면 뭘 타야 합니까? (기차 / 좋다)
       학 생 : 편하게 여행하려면 기차가 제일 좋습니다.

1) 선 생 : 좋은 성적을 받으려면 어떻게 해야 합니까?

                                    (예습과 복습 / 중요하다)

   학 생 : 좋은 성적을 받으려면 예습과 복습이 제일 중요합니다.

2) 선 생 : 건강한 생활을 하려면 어떻게 해야 합니까?

                                    (규칙적인 생활 / 필요하다)

   학 생 : 건강한 생활을 하려면 규칙적인 생활이 제일 필요합니다.

3) 선 생 : 김포공항에 가려면 어디로 가야 합니까?

                                    (올림픽대로로 가는 것 / 빠르다)

   학 생 : 김포공항에 가려면 올림픽대로로 가는 것이 제일 빠릅니다.

4) 선 생 : 한국 생활에 빨리 익숙해지려면 어떻게 해야 합니까?

(한국 친구를 사귀는 것 / 중요하다)

학 생 : 한국 생활에 빨리 익숙해지려면 한국 친구를 사귀는 것이 제일 중요합니다.

5) 선 생 : 외국어를 빨리 배우려면 어떻게 해야 합니까?

(그 나라에 가서 배우는 것 / 좋다)

학 생 : 외국어를 빨리 배우려면 그 나라에 가서 배우는 것이 제일 좋습니다.

잡비 misc. fee

옷/구두 수선
clothes/shoe repair

제 17 과

자 동 차

1

자동차 수리 공장에서 *auto repair*

최영수 : 차 소리가 이상한데 어디가 나쁜지 모르겠습니다.

기 사 : 차가 오래 됐군요.

　　　　손 볼 데가 많습니다.

최영수 : 그래요?

　　　　공장에 갔다 온 지 보름밖에 안 됐는데요.

기 사 : 여기서 기름도 조금씩 샙니다.

최영수 : 다 고치려면 얼마나 들까요?

기 사 : 글쎄요. 꽤 들겁니다.

수리 해 주세요.

수리 (하다)	repair, fix	이상하다	is strange, odd	오래되다	is old
손보다	to have a look at	공장	plant, factory	기름	oil
새다	leak out	고치다	fix, repair	꽤	quite a bit, rather
보름	15 days				[a lot, well, much]

보름달 full moon

(less than 아주)

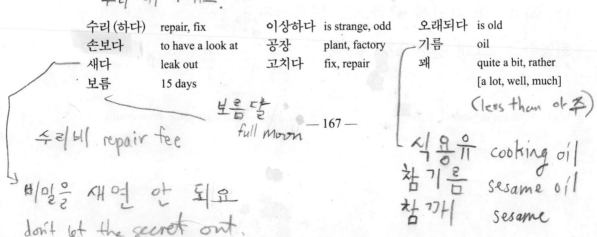

수리비 repair fee

비밀을 새연 안 되요
don't let the secret out.

식용유 cooking oil
참기름 sesame oil
참깨 sesame

시청
city hall

페차하다/시키다
throw away car

2

최영수 : 괜히 중고차를 샀어.

장민호 : 자주 고장이 나니까 귀찮지?

최영수 : 응, 귀찮기도 하고 돈도 많이 들어.

장민호 : 요즘 좋은 차가 많이 나오는데 바꿔 봐.

최영수 : 어떤 차가 좋을까?

장민호 : 요즘은 경제적인 차가 인기야.

불편하다

괜히	in vain, to no avail	중고차	a second–hand or used car ≠ 고물차 *(lemon)*
귀찮다	is annoying, is a nuisance	경제적	economical
인기	popularity	인기이다	it is popular

인기가 있다/없다

후회하다 - *regret*
가끔 - *seldom* ≠ 자주

3

남 자 : 얼마나 넣어 드릴까요?

최영수 : 30리터요.

남 자 : 새 차인데 고급으로 넣으시지요.

최영수 : 그래 볼까요?

넣다	to put in, place in, insert	고급	high–class, high–grade, high–quality

서비스로 장갑도 하나 주시고요.

남　자 :　단골손님이니까 드려야지요.

차를 좀 더 앞으로 대 주세요.

서비스　service, into the bargain　　　장갑　glove(s)　　　단골손님　a reguar costumer *regular*
대다　　to bring it close

4

교통순경 :　주차 위반입니다.

최 영 수 :　위반요?

교통순경 :　차를 아무데나 세우면 어떻게 해요?

최 영 수 :　주차금지 표시를 못 봤는데요.

교통순경 :　여기 노란 선이 있잖아요?

최 영 수 :　잠깐 세웠는데 뭘 그러세요?

주차 위반　parking violation　　　　주차 금지 표시　"No parking" sign
세우다　　　to stop it, make it stand, to park [it]　　노란 선　　　yellow line

수영 금지
"no swimming"
출입금지
"no enter/exit"
사진 촬영금지　"no pictures"
판매 금지　"no sales"

5

오늘은 오랜만에 시간을 내서 대학로를 걸었습니다.

대학로는 주말을 즐기려는 사람들로 꽉 차 있었습니다.

인도뿐만 아니라 차도에서도 사람들이 자유롭게 걷고 있었습니다.

대학로에는 구경거리가 많았습니다.

한쪽에서는 탈춤을 추고, 또 다른 한쪽에서는 가수가 노래를 불렀습니다.

대학생들은 길 가운데 앉아서 웃고 떠들었습니다. *(middle)*

사람들은 모든 것에서 해방된 것 같았습니다.

차 소리가 안 나는 이 거리는 너무나 평화스러웠습니다.

나는 이런 분위기에서 떠나고 싶지 않았습니다.

대학로	University road	꽉	[packed]; to the brim	차다	to be full, filled
인도	pavement, sidewalk	차도	street, road	자유롭다	free
구경거리	a sight to see, a spectacle	탈춤	mask dance	가수	singer
		해방되다	be/get liberated	평화스럽다	peaceful
분위기	atmosphere	떠나다	to leave, depart		

해방하다

출발하다

성악가 classical singer

Lesson 17

An Automobile

1

(at an automobile repair garage)

Choi Youngsoo : The car is making a strange noise ["the car's noise is strange"], but I don't know where the problem is ["I don't know what place is bad"].

Mechanic : It's an old car, I see. It has many places that need seeing to.

Choi Youngsoo : Really? It's only been a fortnight since I [last] went to the garage.

Mechanic : There's oil leaking out here bit, too.

Choi Youngsoo : How much do you suppose it will cost to fix it all?

Mechanic : Gee, I don't know. It'll cost quite a bit.

2

Choi Youngsoo : I bought a used car in vain [to no avail].

Chang Minho : It's a nuisance when it's forever breaking down, isn't it?

Choi Youngsoo : Yeah. It's a nuisance and it also costs a lot of money.

Chang Minho : There are lots of good cars coming out lately, so why don't you try trading it in?

Choi Youngsoo : What kind of car do you suppose would be good?

Chang Minho : Nowadays economical cars are popular.

3

Man	:	How much shall I put in?
Choi Youngsoo	:	30 liters, please.
Man	:	It's a new car... how about putting high–quality [gasoline] in?
Choi Youngsoo	:	Shall I give it a try? And please give me a pair of gloves into the bargain [as a "freebie"].
Man	:	Seeing as you're a regular customer, I don't see why not.
		Please bring your car a bit further to the front.

4

Traffic Cop	:	This is a parking violation.
Choi Youngsoo	:	Violation?! [What do you mean?]
Traffic Cop	:	What would we do if everybody parked his car in any place?
Choi Youngsoo	:	But I didn't see any "No Parking" signs...
Traffic Cop	:	But there's a yellow line here, is there not?
Choi Youngsoo	:	I only parked for a moment—why are you making such a big deal out of it?

5

Today, for the first time in a long while, I made time to stroll down Taehang–no ["University Road"].

Taehang–no was chock full of people out ["intending"] to enjoy the weekend.

People were walking freely not just on the pavements, but also in the street.

There were many sights to see on Taehang–no.

On the one hand, they were dancing a mask dance, and on the other hand, a singer was singing songs.

University students had sat down in the middle of the street and were laughing and clowning around.

The people seemed to have been liberated from all things.

This street without car noises was incredibly peaceful.

I didn't want to leave an atmosphere like this.

문 법

17. 1 G1   -밖에

• This is the locative particle 에 attached to the noun 밖 "outside; beyond." In this combination, it occurs in negative sentences after a noun to mean "only."

예: 지갑에는 동전밖에 없어요.　　　All I have in my purse are coins. [Outside
　　　　　　　　　　　　　　　　　of coins, nothing exists in my purse].

　　아침에는 우유밖에 안 마셨어요.　I only drink milk in the morning. [Outside
　　　　　　　　　　　　　　　　　of milk, I don't drink anything].

　　저 사람은 자기밖에 모릅니다.　　He thinks only of himself.

　　길이 막혀서 한 군데밖에 가지　　The roads were backed up, so I was only
　　못했어요.　　　　　　　　　　　able to go to one place.

　　맛이 없어서 조금밖에 먹지　　　I see you've only eaten a little, it was so
　　않았군요.　　　　　　　　　　　tasteless!

17. 1 G2   Numerals (Dates)

• The numerals for counting days are as follows:

하루　　　(beginning) 초하루 ⌐
이틀　　　　　　　초이틀
사흘　　　　　　　•
나흘　　　　　　　•
닷새　　　　　　　•　　　　초순 (상순)

1일 – 10일

엿새
이레
여드레
아흐레
열흘
열 하루
열 이틀
·
열 닷새   보름   중순 (11일 - 20일)
·
·
스무날
스무 하루
·
·   그믐   하순 (21일 - 30일)
                                                    31일

17. 2 G1 -기도 하다

• This is the nominalizer ending –기 plus the particle 도. It attaches to any verb base to give the idea "does <u>or</u> is indeed...; sure enough does <u>or</u> is...," etc. Depending on the context, it expresses either emphasis or exclamation.

• This pattern can also have the literal meaning, we would expect from its constituent parts, namely: "also does it." In this meaning, the verb with –기도 하다 is usually opposed to another verb, which may or may not be in the –기도 하다 pattern.

예: 가끔 밥을 해 먹기도 합니다.   Sometimes I cook my meals too.

음식이 맵기도 하지만 짜요.   Not only is this food hot, it is also salty.

아기를 보고 안아 주기도 했어요.   I watched after the baby, and also hugged it.

집을 짓기도 하고 팔기도 했습니다.   I both built the house and sold it.

영화를 보고 웃기도 하고   Watching the movie, I both cried and
울기도 했어.   laughed.

17. 3 G1   -어 볼까요?

•This is a combination of the patterns –어 보다 "does it and sees what it is like; tries out doing," and –ㄹ까요 "shall I/we...?" (see 9. 2 G2, 3. 4 G1)

예: 선생님 말씀을 좀 들어 볼까요?   Shall we listen to the teacher? [i.e. Would
                                   you please listen to me?]

맛 있어 보이는데, 하나 먹어   They look tasty; shall I try one?
볼까요?

모두 모여서 의논해 볼까요?   Shall we all get together and discuss it?

새로 산 컴퓨터로 쳐 볼까요?   Shall we try typing it on the new[ly–
                                   bought] computer?

주소는 전화번호부에서 찾아   Shall I look up the address in the phone–
볼까요?.   book?

17. 3 G2   -어야지요.

• This is a combination of the pattern –어야 하다 it, "one must do it" and the ending –지요 "isn't it the case, isn't it?," etc.

예: 아는 길도 물어 가야지요.   We should ask the way along a road we
                                   know, too, you know.

무엇이든지 기초가 튼튼해야지요.   Whatever the case, the basis must be
                                   solid, you know.

유학을 가려면 말부터 배워야지요.	If you intend to go abroad for study, you must start learning the language, mustn't you?
손님이 오셨는데 차를 대접해야지요.	A guest has arrived, so you ought to treat him to some tea, don't you think?
뭘 사려면 수표를 바꿔야지요.	If you want to buy something, you'd better change a check, huh?

17. 4 G1 아무

• This prefixes to nouns like 것, 때, and 데 and expresses the idea "any... at all; any... whatsoever." Often, the prefixed noun is followed by either 도 (in negative contexts) or 나.

예: 아무거나 주세요.	Please give me anything at all.
주말에 아무때나 들르세요.	Please drop in anytime over the weekend.
표가 있으면 아무나 들어갈 수 있어요.	As long as you have a ticket, anyone can enter.
오늘은 아무도 안 와.	Today nobody is coming.
찾아보았는데 아무데도 안 계십니다.	I've looked for him, but he isn't any where [to be found].

17. 5 G1 -뿐(만) 아니라

• This attaches to nouns to express the idea "not only... but also..." In the case of "not only X but also Y," the noun expressed by Y often takes the particle 도. The 만 is optional.

예: 이 집은 냉면뿐만 아니라   Not only this restaurant's *naengmyon*,
불고기도 맛 있어요.   but also its *pulgogi* are tasty.

편지뿐만 아니라 소포도   I got not only a parcel but also a package.
받았어요.

자기 일뿐만 아니라 남의 일도   He does not only his work well, but also
잘 합니다.   others'.

대문뿐 아니라 지붕도 고쳐야   We have to fix not only the front gate but
돼요.   also the roof.

발음뿐만 아니라 억양도 이상해.   Not only his pronunciation but his
                              intonation is weird.

• When this pattern is used with verbs, it attaches to the future modifier form, giving
-(으)ㄹ 뿐 아니라.

예: 돈이 들 뿐만 아니라 시간도   It not only costs money, but also takes
걸려요.   time.

능력이 없을 뿐만 아니라   Not only has he no ability, but he is [also]
게을러.   lazy.

겨울은 추울 뿐만 아니라 눈도   Not only is it cold in winter, but it also
많이 내려요.   snows a lot.

얼굴이 예쁠 뿐만 아니라   Not only does she have pretty face, but she
마음씨도 착해요.   also has a lovely character.

시간이 늦었을 뿐 아니라 차도   Not only was the time late, but it seems
없었나 봐요.   there wasn't a car, either.

유형 연습

17.1 D1

(보기) 선 생 : 손님이 많군요. (음식이 충분하다)
　　　　학 생 : 손님이 많은데 음식이 충분한지 모르겠습니다.

1) 선 생 : 애기가 계속 우는군요. (어디가 아프다)
　　학 생 : 애기가 계속 우는데 어디가 아픈지 모르겠습니다.

2) 선 생 : 내일 시험이 있군요. (아이들이 열심히 공부하다)
　　학 생 : 내일 시험이 있는데 아이들이 열심히 공부하는지 모르겠습니다.

3) 선 생 : 자동차가 고장났군요. (어떻게 고쳐야 하겠다)
　　학 생 : 자동차가 고장났는데 어떻게 고쳐야 할지 모르겠습니다.

4) 선 생 : 민지 씨가 결석을 했군요. (무슨 이유이다)
　　학 생 : 민지 씨가 결석을 했는데 무슨 이유인지 모르겠습니다.

5) 선 생 : 과자를 만들었군요. (맛이 있다)
　　학 생 : 과자를 만들었는데 맛이 있는지 모르겠습니다.

17.1 D2

(보기) 선 생 : 설날이 며칠 남았어요? (닷새)
　　　　학 생 : 설날이 닷새 남았어요.

1) 선 생 : 그 친구를 만난 지 얼마나 되었어요? (사흘)
　　학 생 : 그 친구를 만난 지 사흘 되었어요.

2) 선 생 : 여행에서 언제 돌아왔어요? (나흘 전)

  학 생 : 여행에서 나흘 전에 돌아왔어요.

3) 선 생 : 부모님께 편지를 쓴 지 얼마나 지났어요? (보름)

  학 생 : 부모님께 편지를 쓴 지 보름 지났어요.

4) 선 생 : 약을 먹기 시작한 지 며칠 되었어요? (열흘)

  학 생 : 약을 먹기 시작한 지 열흘 되었어요.

5) 선 생 : 보통 시험은 며칠 동안 봐요? (이틀)

  학 생 : 보통 시험은 이틀 동안 봐요.

17.1 D3

(보기) 선 생 : 최 선생님이 갑니다.

   학 생 : 최 선생님밖에 가지 않습니다.

1) 선 생 : 하루에 용돈을 5,000원 씁니다.

  학 생 : 하루에 용돈을 5,000원밖에 쓰지 않습니다.

2) 선 생 : 일요일에 TV를 보았습니다.

  학 생 : 일요일에 TV밖에 보지 않았습니다.

3) 선 생 : 한국에 온 지 한 달 되었습니다.

  학 생 : 한국에 온 지 한 달밖에 되지 않았습니다.

4) 선 생 : 학생이 다섯 명 있습니다.

  학 생 : 학생이 다섯 명밖에 없습니다.

5) 선 생 : 한국어 문법을 조금 압니다.

  학 생 : 한국어 문법을 조금밖에 모릅니다.

17. 1 D4

(보기) 선 생 : 아침에 뭘 잡수세요? (우유)
    학 생 : 아침에 우유밖에 먹지 않아요.

1) 선 생 : 여기서 신촌역까지 얼마나 걸려요? (5분)
   학 생 : 여기서 신촌역까지 5분밖에 걸리지 않아요.

2) 선 생 : 어제 몇 시간 잤어요? (세 시간)
   학 생 : 어제 세 시간밖에 자지 않았어요.

3) 선 생 : 토요일에 어디를 구경하셨어요? (남대문시장)
   학 생 : 토요일에 남대문시장밖에 구경하지 않았어요.

4) 선 생 : 어제 맥주를 몇 병 마셨어요? (한 병)
   학 생 : 어제 맥주를 한 병밖에 마시지 않았어요.

5) 선 생 : 여름 양복이 몇 벌 있어요? (두 벌)
   학 생 : 여름 양복이 두 벌밖에 없어요.

17. 2 D1

(보기) 선 생 : 그분이 화를 많이 내시지요? (농담을 했다)
    학 생 : 예, 괜히 농담을 했어요.

1) 선 생 : ㄱ 옷을 안 입으시지요? (샀다)
   학 생 : 예, 괜히 샀어요.

2) 선 생 : 길이 막혀서 늦겠지요? (이 길로 왔다)
   학 생 : 예, 괜히 이 길로 왔어요.

3) 선 생 : 잠이 잘 안 오지요? (커피를 많이 마셨다)
   학 생 : 예, 괜히 커피를 많이 마셨어요.

4) 선 생 : 지금 시장하시지요? (아침을 안 먹었다)

학 생 : 예, 괜히 아침을 안 먹었어요.

5) 선 생 : 요즘 통학하기가 불편하지요? (이사를 했다)

학 생 : 예, 괜히 이사를 했어요.

17.2 D2

(보기) 선 생 : 날씨가 좋군요. (기분도 좋다)

학 생 : 날씨가 좋으니까 기분도 좋지요?

1) 선 생 : 피곤하군요. (쉬고 싶다)

학 생 : 피곤하니까 쉬고 싶지요?

2) 선 생 : 숙제가 너무 많아요. (하기가 싫다)

학 생 : 숙제가 너무 많으니까 하기가 싫지요?

3) 선 생 : 친구들이 한국말을 잘 해요. (부럽다) *envy*

학 생 : 친구들이 한국말을 잘 하니까 부럽지요?

4) 선 생 : 아침마다 운동을 해요. (상쾌하다)

학 생 : 아침마다 운동을 하니까 상쾌하지요?

5) 선 생 : 매일 점심을 사 먹어요. (돈이 많이 들다)

학 생 : 매일 점심을 사 먹으니까 돈이 많이 들지요?

17.2 D3

(보기) 선 생 : 주말에 친구를 만납니다 / 영화를 봅니다.

학 생 : 주말에 친구를 만나기도 하고 영화를 보기도 합니다.

1) 선 생 : 저녁에는 신문을 읽습니다 / TV를 봅니다.
   학 생 : 저녁에는 신문을 읽기도 하고 TV를 보기도 합니다.

2) 선 생 : 심심할 때는 음악을 듣습니다 / 운동을 합니다.
   학 생 : 심심할 때는 음악을 듣기도 하고 운동을 하기도 합니다.

3) 선 생 : 방학동안에는 여행을 갑니다 / 아르바이트를 합니다.
   학 생 : 방학동안에는 여행을 가기도 하고 아르바이트를 하기도 합니다.

4) 선 생 : 아이들과 놀 때는 귀찮습니다 / 재미있습니다.
   학 생 : 아이들과 놀 때는 귀찮기도 하고 재미있기도 합니다.

5) 선 생 : 지각하면 부끄럽습니다 / 미안합니다.
   학 생 : 지각하면 부끄럽기도 하고 미안하기도 합니다.

ashamed

17.2 D4

(보기) 선 생 : 단어를 모르면 사전을 찾아요? (선생님께 여쭈어 보다)
       학 생 : 예, 단어를 모르면 사전을 찾기도 하고 선생님께 여쭈어 보기도 해요.

1) 선 생 : 수업이 끝나면 친구를 만나요? (도서관에 가다)
   학 생 : 예, 수업이 끝나면 친구를 만나기도 하고 도서관에 가기도 해요.

2) 선 생 : 스트레스가 쌓이면 테니스를 쳐요? (술을 마시다)
   학 생 : 예, 스트레스가 쌓이면 테니스를 치기도 하고 술을 마시기도 해요.

3) 선 생 : 여행은 가족과 같이 가요? (친구와 같이 가다)
   학 생 : 예, 여행은 가족과 같이 가기도 하고 친구와 같이 가기도 해요.

4) 선 생 : 겨울 방학엔 스키를 타러 가요? (등산을 하다)
   학 생 : 예, 겨울 방학엔 스키를 타러 가기도 하고 등산을 하기도 해요.

5) 선 생 : 가족이 보고 싶으면 전화를 해요? (편지를 쓰다)

   학 생 : 예, 가족이 보고 싶으면 전화를 하기도 하고 편지를 쓰기도
        해요.

17.3 D1

(보기) 선 생 : 무슨 과일을 좋아하세요? (사과)

     학 생 : 사과요.

1) 선 생 : 생일 선물로 뭘 받았어요? (화장품)

   학 생 : 화장품요.

2) 선 생 : 오늘 아침 몇 시에 일어나셨어요? (7시)

   학 생 : 7시요.

3) 선 생 : 중간 시험은 언제 봐요? (모레)

   학 생 : 모레요.   모레 = SAND

4) 선 생 : 입사한 지 얼마나 되었어요? (1년 반)

   학 생 : 1년 반요.

5) 선 생 : 취미로 뭘 하세요? (골프)

   학 생 : 골프요.

17.3 D2

(보기) 선 생 : 그분을 만납니다.

     학 생 : 그분을 만나 볼까요?

1) 선 생 : 강 선생님께 연락합니다.

   학 생 : 강 선생님께 연락해 볼까요?

2) 선 생 : 박 선생님하고 의논합니다.
   학 생 : 박 선생님하고 의논해 볼까요?

3) 선 생 : 병원에 가서 진찰을 받습니다.
   학 생 : 병원에 가서 진찰을 받아 볼까요?

4) 선 생 : 빨간색 넥타이를 맵니다.
   학 생 : 빨간색 넥타이를 매 볼까요?

5) 선 생 : 이 회사 물건을 씁니다.
   학 생 : 이 회사 물건을 써 볼까요?

17.3 D3

(보기) 선 생 : 이건 새로 나온 제품이에요. (한 번 쓰다)
       학 생 : 한 번 써 볼까요?

1) 선 생 : 이 일은 혼자 하기가 힘들 것 같아요. (같이 하다)
   학 생 : 같이 해 볼까요?

2) 선 생 : 무선 전화기가 아주 편리해요. (그 무선 전화기로 바꾸다)
   학 생 : 그 무선 전화기로 바꿔 볼까요?

3) 선 생 : 왜 저기 사람들이 모여 있지요? (제가 알다)
   학 생 : 제가 알아 볼까요?

4) 선 생 : 우리 동네에 중국 음식점이 생겼어요. (한 번 가서 먹다)
   학 생 : 한 번 가서 먹어 볼까요?

5) 선 생 : 이것이 요즘 유행하는 머리 모양이에요. (저도 자르다)
   학 생 : 저도 잘라 볼까요?

17.3   D4

(보기) 선 생 : 약속을 꼭 지킵니다.
　　　　학 생 : 약속을 꼭 지켜야지요.

1) 선 생 : 제 시간에 떠납니다.
　 학 생 : 제 시간에 떠나야지요.

2) 선 생 : 모르면 선생님께 질문을 합니다.
　 학 생 : 모르면 선생님께 질문을 해야지요.

3) 선 생 : 늦으면 미리 알립니다.
　 학 생 : 늦으면 미리 알려야지요.

4) 선 생 : 농구 선수는 키가 큽니다.
　 학 생 : 농구 선수는 키가 커야지요.

5) 선 생 : 공부방은 밝습니다.
　 학 생 : 공부방은 밝아야지요.

17.3 D5

(보기) 선 생 : 신문을 읽고 싶은데요. (그럼, 한자를 배우다)
　　　　학 생 : 그럼, 한자를 배워야지요.

1) 선 생 : 공부를 열심히 하시는군요. (내일 시험을 보니까 공부를 열심
　　　　　히 하다)
　 학 생 : 내일 시험을 보니까 공부를 열심히 해야지요.

2) 선 생 : 제가 안 선생님께 잘못 했어요. (잘못 했으면 사과를 하다)
　 학 생 : 잘못 했으면 사과를 해야지요.

3) 선 생 : 거기에 일곱 시까지 가야 돼요. (그럼, 지금 떠나다)

   학 생 : 그럼, 지금 떠나야지요.

4) 선 생 : 내일 제주도에 가면 호텔 방이 있을까요? (요즘 피서철이니
            까 미리 예약을 하다)

   학 생 : 요즘 피서철이니까 미리 예약을 해야지요.

5) 선 생 : 이번 학기에 장학금을 받았어요. (장학금을 받았으면 한턱 내다)

   학 생 : 장학금을 받았으면 한턱 내야지요.

17.4 D1

(보기) 선 생 : 먼저 하세요. (아무나)

        학 생 : 아무나 먼저 하세요.

1) 선 생 : 괜찮아요. (아무때나)

   학 생 : 아무때나 괜찮아요.

2) 선 생 : 사 주세요. (아무거나)

   학 생 : 아무거나 사 주세요.

3) 선 생 : 봅시다. (아무 영화나)

   학 생 : 아무 영화나 봅시다.

4) 선 생 : 타도 돼요. (아무 버스나)

   학 생 : 아무 버스나 타도 돼요.

5) 선 생 : 잘 먹어요? (아무 음식이나)

   학 생 : 아무 음식이나 잘 먹어요?

17.4   D2

(보기) 선 생 : 누구를 보낼까요? (아무나)
　　　 학 생 : 아무나 보냅시다.

1) 선 생 : 내일 언제 만날까요? (아무때나)
　 학 생 : 내일 아무때나 만납시다.

2) 선 생 : 어디 앉을까요? (아무데나)
　 학 생 : 아무데나 앉으세요.

3) 선 생 : 무슨 차를 드릴까요? (아무거나)
　 학 생 : 아무거나 주세요.

skirt
4) 선 생 : 이 치마엔 무슨 색이 어울릴까요? (아무 색이나)
　 학 생 : 아무 색이나 어울릴거에요.

5) 선 생 : 어느 신문을 볼까요? (아무 신문이나)
　 학 생 : 아무 신문이나 봅시다.

17.4   D3

(보기) 선 생 : 세종문화회관이 어디에 있지요? (세종로에 있다)
　　　 학 생 : 세종로에 있잖아요?

1) 선 생 : 왜 그 차를 사려고 해요? (경제적이다)
　 학 생 : 경제적이잖아요?

2) 선 생 : 왜 그 카페에 자주 가세요? (분위기가 좋다)
　 학 생 : 분위기가 좋잖아요?

singer
3) 선 생 : 왜 그 가수가 인기에요? (춤을 잘 추다)
　 학 생 : 춤을 잘 추잖아요?

classical singer
성악가

4) 선 생 : 요즘 한가하시군요. (방학을 했다)
   학 생 : 방학을 했잖아요?

5) 선 생 : 제인 씨가 즐거워 보이는군요. (장학금을 받았다)
   학 생 : 장학금을 받았잖아요?

17.4 D4

(보기) 선 생   : 늦게 옵니다.
       학 생 1 : 늦게 오면 어떻게 해요? (조금 늦었다)
       학 생 2 : 조금 늦었는데 뭘 그러세요?

1) 선 생   : 그렇게 농담을 합니다.
   학 생 1 : 그렇게 농담을 하면 어떻게 해요? (심하지 않다)
   학 생 2 : 심하지 않은데 뭘 그러세요?

2) 선 생   : 식당에 예약을 안 합니다.
   학 생 1 : 식당에 예약을 안 하면 어떻게 해요? (시간이 많이 남았다)
   학 생 2 : 시간이 많이 남았는데 뭘 그러세요?

3) 선 생   : 지금 집에 갑니다.
   학 생 1 : 지금 집에 가면 어떻게 해요? (벌써 퇴근 시간이 지났다)
   학 생 2 : 벌써 퇴근 시간이 지났는데 뭘 그러세요?

4) 선 생   : 갑자기 시험을 봅니다.
   학 생 1 : 갑자기 시험을 보면 어떻게 해요? (그동안 열심히 공부하
            셨다)
   학 생 2 : 그동안 열심히 공부하셨는데 뭘 그러세요?

5) 선 생   : 자리를 비웁니다.
   학 생 1 : 자리를 비우면 어떻게 해요? (잠깐이다)
   학 생 2 : 잠깐인데 뭘 그러세요?

17.5   D1

(보기) 선 생 : 전 영문학을 전공하고 있어요. (책꽂이 / 영문학 책들)

　　　　학 생 : 그래서 책꽂이는 영문학 책들로 꽉 차 있군요.

1) 선 생 : 요즘 백화점마다 할인판매를 해요. (백화점 / 사람들)

　　학 생 : 그래서 백화점은 사람들로 꽉 차 있군요.

2) 선 생 : 학기말 시험이 시작되었어요. (도서관 / 학생들)

　　학 생 : 그래서 도서관은 학생들로 꽉 차 있군요.

3) 선 생 : 민수 씨는 음악을 좋아해요. (민수 씨 방 / 레코드판들)

　　학 생 : 그래서 민수 씨 방은 레코드판들로 꽉 차 있군요.

4) 선 생 : 오늘 졸업식이 있어요. (주차장 / 자동차들)

　　학 생 : 그래서 주차장은 자동차들로 꽉 차 있군요.

5) 선 생 : 이 식당 근처에는 회사가 많아요. (식당 / 회사원들)

　　학 생 : 그래서 이 식당은 회사원들로 꽉 차 있군요.

17.5   D2

(보기) 선 생 : 영어 / 일어 / 배웠습니다.

　　　　학 생 : 영어뿐만 아니라 일어도 배웠습니다.

1) 선 생 : 정부 / 국민들 / 노력했습니다.

　　학 생 : 정부뿐만 아니라 국민들도 노력했습니다.

2) 선 생 : 검사 / 치료 / 받았습니다.

　　학 생 : 검사뿐만 아니라 치료도 받았습니다.

3) 선 생 : 민수는 그림을 잘 그립니다 / 노래를 잘 부릅니다.

　　학 생 : 민수는 그림을 잘 그릴 뿐만 아니라 노래도 잘 부릅니다.

4) 선 생 : 숙제가 많습니다 / 시험을 자주 봅니다.
   학 생 : 숙제가 많을 뿐만 아니라 시험도 자주 봅니다.

5) 선 생 : 그분은 잘 생겼습니다 / 성격이 좋습니다.
   학 생 : 그분은 잘 생겼을 뿐만 아니라 성격도 좋습니다.

17.5 D3

(보기) 선 생 : 아이들이 그 놀이를 좋아하지요? (어른들도 그 놀이
             를 좋아하다)
       학 생 : 아이들뿐만 아니라 어른들도 그 놀이를 좋아해요.

1) 선 생 : 아주머니가 청소만 해 주세요? (빨래도 해 주시다)
   학 생 : 아주머니가 청소뿐만 아니라 빨래도 해 주세요.

2) 선 생 : 그분은 경제학을 공부했어요? (정치학도 공부했다)
   학 생 : 그분은 경제학뿐만 아니라 정치학도 공부했어요.

3) 선 생 : 아이가 기침을 많이 해요? (열도 높다)
   학 생 : 아이가 기침을 많이 할 뿐만 아니라 열도 높아요.

4) 선 생 : 연세대학교 캠퍼스가 넓어요? (아름답다)
   학 생 : 연세대학교 캠퍼스가 넓을 뿐만 아니라 아름다워요.

5) 선 생 : 김 선생님 댁에서 재미있게 놀았어요? (많이 배웠다)
   학 생 : 김 선생님 댁에서 재미있게 놀았을 뿐만 아니라 많이 배웠어요.

17.5 D4

(보기) 선 생 : 학생들이 쉬는 시간에 뭘 해요? (이야기를 하다 / 복
             습을 하다)

　　　　학 생 :   한 쪽에서는 이야기를 하고 (또) 다른 한 쪽에서는
　　　　　　　　　 복습을 해요.

1) 선 생 :   사원들이 어디로 가고 싶어해요? (바다로 가고 싶어하다 /
　　　　　　　산으로 가고 싶어하다)
　　학 생 :   한 쪽에서는 바다로 가고 싶어하고 (또) 다른 한 쪽에서는
　　　　　　　산으로 가고 싶어해요.

2) 선 생 :   운동장에서는 남학생들이 뭘 해요? (야구를 하다 / 배구를
　　　　　　　하다)
　　학 생 :   한 쪽에서는 야구를 하고 (또) 다른 한 쪽에서는 배구를 해요.

3) 선 생 :   강가에서 사람들이 뭘 해요? (낚시를 하다 / 그림을 그리다)
　　학 생 :   한 쪽에서는 낚시를 하고 (또) 다른 한 쪽에서는 그림을 그
　　　　　　　려요.

4) 선 생 :   부인들이 모여서 뭘 해요? (음식을 준비하다 / 아이들과
　　　　　　　놀다)
　　학 생 :   한 쪽에서는 음식을 준비하고 (또) 다른 한 쪽에서는 아이들
　　　　　　　과 놀아요.

5) 선 생 :   설날에 아이들이 뭘 해요? (널뛰기를 하다 / 연날리기를
　　　　　　　하다)
　　학 생 :   한 쪽에서는 널뛰기를 하고 (또) 다른 한 쪽에서는 연날리기
　　　　　　　를 해요.

제 18 과
전 화

사실 = 거짓

1

최영수 : 죤슨 씨 계십니까? 여기 신촌인데요.

죤 슨 : 아, 영수 씨군요.

그런데 웬일이세요? *무슨 일이세요?*

최영수 : 장민호 씨가 다음 주에 군대에 가게 되었습니다.

죤 슨 : 그래요?

그럼 입대하기 전에 송별회를 해야겠군요.

최영수 : 사실은 그 일 때문에 전화를 했습니다.

죤 슨 : 그럼, 이번 토요일에 우리가 전에 만났던 다방에서

만날까요?

→ 환영회
welcome party

군인 - soldier
군대   the military, the armed forces   입대   enlistment, entering the armed forces

송별회   farewell party   사실   in fact, the fact of the matter is, (a fact as noun)

군복 soldier uniform
군모 soldier hat

동창회 reunion
사은회 thank teacher

입대 ≠ 제대

2

두 사람은 장민호 씨에게 전화를 한다.

최영수 : 신호는 가는데 받지 않습니다.

죤 슨 : 혹시 고장이 난 게 아닙니까?

최영수 : 글쎄요. 전화국에 알아보지요.

- 잠시 후 -

죤 슨 : 뭐라고 해요?

최영수 : 이상이 없다고 합니다.

         집이 빈 모양이에요.

죤 슨 : 그럼, 이따가 다시 걸어 봅시다.

신호등 - traffic light

신호 signal	혹시 perhaps, perchance, maybe	전화국 the telephone exchange
이상이 없다 there is nothing wrong or unusual		이따가 in a little while

신호를 보내다 / 받다
send a signal
receive

#빨간색 red
노란색 yellow
초록색

파란
파랗다 blue

국제전화 international phone
공중전화 public phone
전화기 phone facility
장거리전화 long distance (call.)

암호 - password

3

최영수 : 거기가 361국의 3465번 이지요?

여 자 : 예, 그렇습니다만, 누굴 찾으세요?

최영수 : 장민호 씨 계십니까?

　　　　계시면 좀 바꿔 주십시오.

여　자 : 출장가셨습니다.

　　　　오늘 저녁에 오시는데, 누구시라고 할까요?

최영수 : 최영수입니다.

　　　　돌아오시는 대로 전화 좀 해 달라고 전해 주시겠습
　　　　니까?

여　자 : 예, 전해 드리겠습니다.

국　　　　exchange　　　　　　　　출장　　a business trip
전하다　　to pass on, relay, transmit

④

최영수 : 전화 바꿨습니다.

장민호 : 저 장민호입니다.

최영수 : 언제 돌아오셨습니까?

　　　　장민호 씨 입대하기 전에 만나서 한잔하지요.

장민호 : 좋습니다.

한잔하다　　to have or share a drink (alcoholic)

한턱을 내다　treat

최영수 :   모레 저녁 시간이 어떻습니까?

장민호 :   그 날은 좀 바쁜데요.

　　　　　일이 끝나는 대로 갈테니까 늦어도 좀 기다려 주십시오.

모레　　　the day after tomorrow　　　OR "내일 모레"

5

어느 날 죤슨 씨는 택시를 잡으려고 했습니다.

그러나 20분을 기다려도 빈 택시가 오지 않았습니다.

모임에 늦을 것 같아서 전화를 걸고 싶었습니다.

공중전화 앞에는 기다리는 사람이 많았습니다.

어떤 여자가 전화를 하고 있었습니다.

친구와 이야기하는 것 같았습니다.

그 친구가 만나자고 하는 모양이었습니다.　　　모양
　　　　　　　　　　　　　　　　　　　　　　　shape

여자는 시간이 없다는 말을 여러 번 했습니다.

기다리는 사람들이 짜증을 냈습니다.

모임　　　gathering, meeting, rendezvous　　　공중전화(기) public telephone

공중 화장실

공중 목욕탕 (bath)

존슨 씨도 짜증이 났습니다.

전화에는 '용건만 간단히'라고 쓰여 있었습니다.

존슨 씨는 소리를 지르고 싶었습니다.

"용건만 간단히"

용건   the business at hand, the matter you are dealing with right at the moment

짜증   fretfulness, impatience, annoyance

간단하다 ≠ 복잡하다
be simple

오치다

Lesson 18

On the Telephone

1

Choi Youngsoo	:	Is Mr. Johnson in? This is Shinch'on [speaking].
Johnson	:	Oh, [I see] it's Youngsoo! What's the matter?
Choi Youngsoo	:	It's turned out that Chang Minho enters the army next week.
Johnson	:	Really? Then we'd better have a farewell party before he enlists!
Choi Youngsoo	:	In fact, that's why I've called ["I've called you on account of that matter"].
Johnson	:	Then, shall we meet this Saturday in the tearoom where we met before?

2

The two of them call Chang Minho.

Choi Youngsoo	:	It's ringing, but nobody answers.
Johnson	:	Maybe it's broken?
Choi Youngsoo	:	Maybe. I'll check with the operator ["telephone exchange"].

– A bit later –

Johnson	:	What do they say?
Chang Minho	:	They say there is nothing wrong ["unusual"]. It seems nobody is at home ["the house is empty"].

Johnson	:	Then let's try calling again in a little while.

3

Choi Youngsoo	:	Is this ["there"] 361–3465?
Woman	:	Yes, that's right, but whom are you calling ["looking"] for?
Choi Youngsoo	:	Is Mr. Chang in? If he's in, please put him on the line. [Please exchange yourself/the phone with him].
Woman	:	He's gone off on business. He'll be back tonight—who shall I say called?
Choi Youngsoo	:	This is Choi Youngsoo. As soon as he comes in, could you ask him to please call me?
Woman	:	Yes, I'll give him the massage.

4

Choi Youngsoo	:	Hello, it's me [=I've just been given the receiver by whoever you were talking to first].
Chang Minho	:	It's Chang Minho [calling].
Choi Youngsoo	:	When did you get back? Let's get together and have a drink before you enlist.
Chang Minho	:	Fine by me.
Choi Youngsoo	:	How is ["the time of"] the day after tomorrow in the evening?
Chang Minho	:	That day I'm afraid I'm a little busy. I'll be sure to call you as soon the work finishes, so even if I'm late, please wait a bit for me.

5

One day Johnson tried to get a taxi.

But even after waiting 20 minutes an empty taxi hasn't come.

It looked like he would be late for the gathering, so he wanted to make a phone call.

There were many people waiting in front of the public telephone.

Some woman was making a call.

It seemed she was talking with a friend.

It seemed the friend is suggesting they meet.

The woman said several times that she has no time.

The people waiting got impatient and annoyed.

Johnson got annoyed, too.

On the telephone was written "State your business briefly and simply."

Johnson wanted to shout [something].

"State your business briefly and simply."

문 법

18. 1 G1 -게 되다

• This is a combination of the adverbial ending –게 and the verb 되다 "to become, come about." This pattern attaches to verbs and means "it comes about that so–and–so happens; it turns out that one gets to…; things works out in such a way that…; one gets to do…" etc. Sometimes the meaning translates as a kind of passive, and you can think of this as the passive counterpart of the causative pattern –게 하다 ("makes it come about so that…").

예: 벌써 나뭇잎이 누렇게 되었어요.	The tree leaves have already turned yellow ["gotten so that they became yellow"].
회사 일로 한국에 오게 되었어요.	I got to come to Korea on company business [it turned out so that I came].
그 사람의 입장을 이해하게 되었습니다.	I got to [it came about so that I] under-stand that person's position.
이제는 우리가 자주 만나게 되었군요.	From now on we'll be able to meet often [circumstances have conspired in such a way that we have gotten to meet often].
시간이 지나면 모든 것을 잊게 됩니다.	As time passes, one comes to forget everything.

18. 1 G2 -던, -었던

• -더-is a tense–aspect marker, called the "retrospective" by linguists, which indicates that the speaker has witnessed, seen or somehow observed or had sensory evidence of the past action or state indicated by the verb. A pedantic translation would be "I recall that …" or the like.

예: 늘 다니던 길로 갑시다.	Let's go by the road we always used to go by.
내가 교제하던 사람은 유학 갔어요.	The person I used to associate with has gone abroad to study.
나의 살던 고향은 꽃 피는 산골이에요.	The home town where I used to live is a flowering mountain valley.
이것은 전에 입던 옷입니다.	This is an item of clothing I used to wear before.
이거 누가 마시던 차야?	Whose tea is this? [This is the tea that was being drunk by whom?]

•When a verb has the retrospective modifier -던 attached to the past tense suffix -었, i.e. -었던, this indicates that the action or state was completed in the past (and that the speaker is recalling or looking back on this fact).

예: 지난 번에 갔던 다방으로 가지요.	Why don't we go to the tearoom we went to last time?
내가 앉았던 자리에 딴 사람이 앉았습니다.	Somebody has sat down in the place where I was sitting.
그는 한 번 결혼했던 사람이야.	He is a person who has already been married once.
전에 보았던 영화인데 또 보고 싶어요.	It's a movie I've seen once before, but I want to see it again.

닫혔던 문이 저절로 열렸군요.　　　The door which had been closed has
　　　　　　　　　　　　　　　opened of itself, I see!

18. 2 G1　Quotations

•A quotation is a rendition of an utternace or thoughts said or though in the past, and we
can distinguish two types: direct and indirect.

•A direct quotation renders the words or thought exactly as originally uttered or
thought, and follows this with the particle – (이) 라고 and then a verb of thought or saying
(usually just 하다, which can mean both these things). Usually the direct quotation is
placed in quotation marks.

예: "이것은 슬픈 이야기입니다."　　　He said "This is a sad story."
라고 했습니다.

"하루에 담배를 얼마나 피워요?"　　　He asked "How much do you smoke in a
라고 물었습니다.　　　　　　　　　day?"

"철수의 말이 옳습니다."라고　　　He said "What Ch'olsoo says is correct."
말씀하셨습니다.

아주머니는 나에게 "빨리 일어나　　　The woman told me "Hurry up and get up!"
십시오."라고 했습니다.

모두가 "한잔합시다"라고　　　Everybody shouted "Let's have a drink!"
외칩니다.

• Indirect quotations take the original utternace or thought and rephrase it from the point
of view of the speaker. In this process, the original utterance is reduced to the Plain Style
(-ㄴ다, -자, -냐, -(으)라) and followed by the particle 고 plus a verb of saying or
thinking (often just 하다, which can mean both).　　　(see 13.3 G2)　The four types
(declarative, interrogative, imperative and propositive) are as follows (note that 고 is
optional):

	Nouns	Action Verbs	Quality Verbs
Declarative	-(이)라고 하다	-는(ㄴ)다고 하다	-다고 하다
Interrogative	-(이)냐고 하다	-(느)냐고 하다	-(으)냐고 하다
Imperative	—	-(으)라고 하다	—
Propositive	—	-자고 하다	—

예: 그분은 아직 미혼이라고 합니다.   He says that he is not married yet.

사람들이 나보고 날씬하다고 합니다.   People tell me I'm slim.

그 남자는 나에게 취미가 뭐냐고 물었어요.   He asked me what my hobbies are.

시간이 있을 때는 언제든지 놀러 오라고 합니다.   He says to come over and visit whenever you have time.

너무 서두르지 말자고 합니다.   He suggests we don't rush too much.

18.3 G1 -는 대로

• This attaches to action verb stems and means 1) "in accordance with the action of the verb; according to the action of the verb," or 2) "as soon as the action of the verb happens."

예: 그 아이는 시키는 대로 심부름을 잘 해요.   That child does errands just as he is told [in accordance with how he is ordered].

생각나는 대로 말을 했을 뿐입니다.   All I did was to say whatever came to my mind [speak according to how my thoughts came about].

길을 가르쳐 준 대로 찾아 갔어요.   I found the place, just as he had instructed [the way].

수업이 끝나는 대로 나한테 와.   Please come to see me as soon as class is over.

연락이 오는 대로 알려 주세요.

Let me know as soon as you get word ["as soon as contact comes"].

• 대로 can attach to nouns (or 이, 그, 저) to mean "just as/like; in accordance with." E.g.

예: 부모님 말씀대로 하겠어요.

I'll do like my parents say [according to their words].

네 생각대로 해.

Do as you please [according to your thoughts].

계획대로 일이 잘 되지 않아요.

The work isn't going according to plan.

이대로 타자를 쳐 주세요.

Please type it like this [according to this].

18.3 G2 -어 달라고 하다

• This is the pattern for reflexive requests, i.e. it is used to turn an original utterance "-어 주십시오" requested of somebody else for oneself's benefit, or the like into an indirect quotation.

예: 손님이 차를 세워 달라고 합니다.

The customer asks [the driver] to stop the car [for himself].

남편이 커피를 타 달라고 합니다.

The husband asks [somebody] to pour coffee for him[self].

친구가 우산을 빌려 달라고 합니다.

The friend asks [somebody] to lend him [self] an umbrella.

모르는 것이 있어서 순희한테 도와 달라고 했어요.

Since there is something I don't understand, I asked Sunhee to help me.

아주머니한테 깨워 달라고 하세요.

Please tell my aunt to wake me up [in the morning].

• When the speaker has made a request on behalf of another person, and not on his own behalf, the indirect quotation can have –어 주라고. When the "other person" is someone esteemed, you can also use –어 드리라고.

예: 어머니가 (나한테) 동생을 가르쳐 주라고 하셨어요.	Mother told me to teach my younger brother/sister.
여자들의 짐을 들어 주라고 선생님은 말씀하셨습니다.	The teacher told us to carry the women's luggage.
아기가 우니까 업어 주라고 했어요.	Since the baby was crying, I told her to carry it on her back.
언니는 어제 산 옷을 어머니께 보여 드리라고 해요.	My elder sister told me to show mother the clothes I bought yesterday.
외국에서 온 손님들을 친절하게 안내해 드리라고 합니다.	They tell to guide guests from abroad with kindness.

18. 4 G1 –어도

• This attaches to verb bases and makes a concessive. That is, it translates as "even though/if one is <u>or</u> does···"

예: 입맛이 없어도 좀 들어보세요.	Please eat a bit, even if you have no appetite.
그 사람은 아무 것이나 입어도 잘 어울립니다.	No matter what he wears, it looks good on him. ["even if he wears anything at all, it suits him."
대학을 졸업해도 취직이 안 돼요.	Even if you graduate from university, it is difficult to get a job.
한국말이 아무리 어려워도 끝까지 배우겠어요.	No matter how difficult Korean is, I will learn it to the bitter end.

한 시간이나 기다렸어도 나타나지 않았어요.	Even though I waited as long as an hour, she didn't show up.

18. 5 G1 -(으)ㄹ 것 같아서

• This is a combination of the pattern –ㄹ 것 같아요 meaning "looks like it will do/be; seems like it will (probably) do/be," with the pattern in –아서 meaning "since; because." (see 7.2 G2, 6.2 G1)

예: 이 구두가 편할 것 같아서 신었어요.	It seemed these shoes would be comfortable, so I bought them.
환자에게 과일이 좋을 것 같아서 사 왔어요.	It seemed fruit would be good for the patient, so I bought.
그 길이 복잡할 것 같아서 다른 길로 갑니다.	It looks like that road is probably backed up,.so I'm going by a different way.
시간이 걸릴 것 같아서 서둘러 떠났습니다.	It looked like it would probably take time, so I left in a hurry.
이해했을 것 같아서 설명하지 않았습니다.	It seemed you had probably understood, so I didn't explain it.

18. 5 G2 -어 있다

• This pattern attaches to certain action verbs to express the idea that a completed action or state continues to be in effect.

예: 앞 자리에 앉아 있는 사람이 누구입니까?	Who is the person who is seated beside you? [i.c. who is in a state resulting from having sat down].

책상이 방 한가운데 놓여 있어요.

The table is located [= "is in a state resulting from having been placed"] in the middle of the room.

독에 물이 가득 들어 있어요.

The jar is filled to the top with water [is in a state resulting from water having entered].

남자가 먼저라는 생각이 아직 남아 있어요.

The idea of "men first" still remains [is in a state resulting from having remained].

붕어가 살아 있군요. 죽을 것 같았는데…

The carp are alive [exist in a state resulting from living], I see! And it had seemed they would die…

유형 연습

18. 1   D1

(보기) 선 생 : 고향으로 돌아갑니다.
　　　 학 생 : 고향으로 돌아가게 되었습니다.

1) 선 생 : 유학을 갑니다.
　 학 생 : 유학을 가게 되었습니다.

2) 선 생 : 그 사무실에서 일을 합니다.
　 학 생 : 그 사무실에서 일을 하게 되었습니다.

3) 선 생 : 집을 삽니다.
　 학 생 : 집을 사게 되었습니다.

4) 선 생 : 한국 신문을 읽을 수 있습니다.
　 학 생 : 한국 신문을 읽을 수 있게 되었습니다.

5) 선 생 : 부모님의 마음을 이해합니다.
　 학 생 : 부모님의 마음을 이해하게 되었습니다.

18. 1   D2

(보기) 선 생 : 누가 장학금을 받게 되었어요? (정희)
　　　 학 생 : 정희가 장학금을 받게 되었어요.

1) 선 생 : 어디로 이사가게 되었어요? (부산)
　 학 생 : 부산으로 이사가게 되었어요.

MC

2) 선 생 : 누가 사회를 보게 되었어요? (영민)

   학 생 : 영민이가 사회를 보게 되었어요.

MC

3) 선 생 : 어디로 출장가게 되었어요? (뉴욕)

   학 생 : 뉴욕으로 출장가게 되었어요.

4) 선 생 : 어느 나라에서 근무하게 되었어요? (호주)

   학 생 : 호주에서 근무하게 되었어요.

5) 선 생 : 언제부터 그 집에서 살게 되었어요? (6월)

   학 생 : 6월부터 그 집에서 살게 되었어요.

18. 1   D3

(보기) 선 생 : 오늘 저녁에 손님들이 와요. (손님들이 오다 / 청소
              를 하다)

       학 생 : 그럼, 손님들이 오기 전에 청소를 해야겠군요.

1) 선 생 : 곧 비가 올 것 같아요. (비가 오다 / 시장에 갔다가 오다)

   학 생 : 그럼, 비가 오기 전에 시장에 갔다가 와야겠군요.

2) 선 생 : 다음 주에 일본으로 돌아가요. (일본으로 돌아가다 / 한 번 만나
          다)

   학 생 : 그럼, 일본으로 돌아가기 전에 한 번 만나야겠군요

3) 선 생 : 앞으로 날씨가 추워질 거에요. (날씨가 추워지다 / 김장을
          하다)   kimchi prepare for winter

   학 생 : 그럼, 날씨가 추워지기 전에 김장을 해야겠군요.

4) 선 생 : 내일 오후에 졸업 사진을 찍어요. (졸업 사진을 찍다 / 미장
          원에 가다)

   학 생 : 그럼, 졸업 사진을 찍기 전에 미장원에 가야겠군요.

5) 선 생 : 이달 말에 그 연극이 끝날 거에요. (그 연극이 끝나다 / 보러 가다)

　　학 생 : 그럼, 그 연극이 끝나기 전에 보러 가야겠군요.

18.1 D4

(보기) 선 생 : 작년 여름에 갔습니다 / 산입니다.

　　　학 생 : 작년 여름에 갔던 산입니다.

1) 선 생 : 어제 교실에서 불렀습니다 / 노래입니다.

　　학 생 : 어제 교실에서 불렀던 노래입니다.

2) 선 생 : 대학교 때 하숙을 했습니다 / 집입니다.

　　학 생 : 대학교 때 하숙을 했던 집입니다.

3) 선 생 : 제가 약혼식 때 입었습니다 / 옷입니다.   *propose*

　　학 생 : 제가 약혼식 때 입었던 옷입니다.

4) 선 생 : 지난 번에 우리 집에 왔습니다 / 아이가 제 조카입니다.

　　학 생 : 지난 번에 우리 집에 왔던 아이가 제 조카입니다.

5) 선 생 : 아침에 버스에서 만났습니다 / 사람이 제 선배입니다.

　　학 생 : 아침에 버스에서 만났던 사람이 제 선배입니다.

senior —
후배 *junior*　동기 동창생 *same year*

18.1 D5

(보기) 선 생 : 김 선생님이 앉았던 자리에 누가 앉았어요? (최 선생님)

　　　학 생 : 김 선생님이 앉았던 자리에 최 선생님이 앉았어요.

1) 선 생 : 지난 번에 같이 갔던 다방이 어느 다방이에요?(독수리다방)

　　학 생 : 지난 번에 같이 갔던 다방이 독수리다방이에요.

eagle tearoom

2) 선 생 : 1급 때 가르치셨던 선생님이 누구에요? (이정애 선생님)
   학 생 : 1급 때 가르치셨던 선생님이 이정애 선생님이에요.

3) 선 생 : 지난 번에 교통 사고가 났던 곳이 어디에요? (신촌로터리)
   학 생 : 지난 번에 교통 사고가 났던 곳이 신촌로터리에요.

4) 선 생 : 지난 주말에 같이 갈비를 먹었던 식당이 어디에 있어요?
           (종로 3가)
   학 생 : 지난 주말에 같이 갈비를 먹었던 식당이 종로 3가에 있어요.

5) 선 생 : 작년에 냉장고를 샀던 백화점이 어느 백화점이에요? (현대
           백화점)
   학 생 : 작년에 냉장고를 샀던 백화점이 현대백화점이에요.

18.2   D1

(보기) 선 생 : 열심히 공부하세요? (성적이 오르다)
       학 생 : 열심히 공부하는데 성적이 오르지 않아요.

1) 선 생 : 많이 피곤하세요? (잠이 오다)
   학 생 : 많이 피곤한데 잠이 오지 않아요.

2) 선 생 : 매일 운동을 하세요? (살이 빠지다)
   학 생 : 매일 운동을 하는데 살이 빠지지 않아요.

3) 선 생 : 약을 잡수셨어요? (낫다)
   학 생 : 약을 먹었는데 낫지 않아요.

4) 선 생 : 전 선생님도 초대하셨어요? (오시다)
   학 생 : 전 선생님도 초대했는데 오시지 않아요.

5) 선 생 : 돈을 넣었어요? (커피가 나오다)
   학 생 : 돈을 넣었는데 커피가 나오지 않아요.

18.2 D2

(보기) 선 생 : 왜 강 선생님이 안 오실까요? (약속을 잊어 버렸다)
　　　　학 생 : 혹시 약속을 잊어버린 게 아닐까요?

1) 선 생 : 왜 이렇게 차가 밀릴까요? (사고가 났다)
　　학 생 : 혹시 사고가 난 게 아닐까요?

2) 선 생 : 왜 답장이 안 올까요? (이사 갔다)
　　학 생 : 혹시 이사 간 게 아닐까요?

3) 선 생 : 왜 마이클 씨가 요즘 학교에 안 오지요? (출장을 갔다)
　　학 생 : 혹시 출장을 간 게 아닐까요?

4) 선 생 : 왜 전화를 안 받을까요? (외출했다)
　　학 생 : 혹시 외출한 게 아닐까요?

5) 선 생 : 왜 저분이 아무 말씀도 안 하실까요? (화가 났다.)
　　학 생 : 혹시 화가 난 게 아닐까요?

18.2 D3

(보기) 선 생 : 저 애는 열 살입니다.
　　　　학 생 : 저 애는 열 살이라고 합니다.

1) 선 생 : 저분은 유명한 변호사입니다.
　　학 생 : 저분은 유명한 변호사라고 합니다.

2) 선 생 : 오 선생님 취미는 낚시입니다.
　　학 생 : 오 선생님 취미는 낚시라고 합니다.

3) 선 생 : 내일이 스미스 씨의 결혼식입니다.
　　학 생 : 내일이 스미스 씨의 결혼식이라고 합니다.

4) 선 생 : 그분은 사장님이 아닙니다.

   학 생 : 그분은 사장님이 아니라고 합니다.

5) 선 생 : 이 타자기는 국산이 아닙니다.

   학 생 : 이 타자기는 국산이 아니라고 합니다.

18.2   D4

(보기) 선 생 : 내일은 비가 옵니다.

   학 생 : 내일은 비가 온다고 합니다.

1) 선 생 : 명절에는 한복을 입습니다.

   학 생 : 명절에는 한복을 입는다고 합니다.

2) 선 생 : 미영이는 일본에 간 일이 있습니다.

   학 생 : 미영이는 일본에 간 일이 있다고 합니다.

3) 선 생 : 영호는 참 부지런합니다.

   학 생 : 영호는 참 부지런하다고 합니다.

4) 선 생 : 서울 교통이 많이 복잡해졌습니다.

   학 생 : 서울 교통이 많이 복잡해졌다고 합니다.

5) 선 생 : 앞으로 열심히 노력하겠습니다.

   학 생 : 앞으로 열심히 노력하겠다고 합니다.

18.2   D5

(보기) 선 생 : 의사 선생님이 뭐라고 해요? (집에서 좀 쉬어야 합니다)

   학 생 : 집에서 좀 쉬어야 한다고 해요.

welcome to school

1) 선 생 : 사무실에서 뭐라고 해요? (입학식은 3월 2일입니다)
   학 생 : 입학식은 3월 2일이라고 해요.

2) 선 생 : 희영이가 뭐라고 해요? (놀이터에서 놀고 싶다)
   학 생 : 놀이터에서 놀고 싶다고 해요.

3) 선 생 : 학생들이 뭐라고 해요? (이번 시험이 어렵다)
   학 생 : 이번 시험이 어렵다고 해요.

4) 선 생 : 손님들이 뭐라고 해요? (즐겁게 잘 놀았다)
   학 생 : 즐겁게 잘 놀았다고 해요.

5) 선 생 : 아주머니가 뭐라고 해요? (좋은 신랑감을 소개하겠다)
   학 생 : 좋은 신랑감을 소개하겠다고 해요.
   groom introduce

18.3 D1

(보기) 선 생 : 고향에 돌아갑니다 / 편지를 쓰겠습니다.
       학 생 : 고향에 돌아가는 대로 편지를 쓰겠습니다.

1) 선 생 : 회의가 끝납니다 / 알려 주십시오.
   학 생 : 회의가 끝나는 대로 알려 주십시오.

2) 선 생 : 책을 다 읽습니다 / 돌려 드리겠습니다.
   학 생 : 책을 다 읽는 대로 돌려 드리겠습니다.

3) 선 생 : 대학교를 졸업합니다 / 취직하려고 합니다.
   학 생 : 대학교를 졸업하는 대로 취직하려고 합니다. *get a job*

4) 선 생 : 준비가 다 됩니다 / 떠납시다.
   학 생 : 준비가 다 되는 대로 떠납시다.

5) 선 생 : 청소를 다 합니다 / 저녁 준비를 하십시오.
   학 생 : 청소를 다 하는 대로 저녁 준비를 하십시오.

18. 3 D2

arrive
도착하다

(보기) 선 생 : 비가 그치는 대로 출발할까요? (출발합시다)
　　　학 생 : 예, 비가 그치는 대로 출발합시다.

1) 선 생 : 수업이 끝나는대로 점심을 먹으러 갈까요? (점심을 먹으러
　　　　　갑시다)
　　학 생 : 예, 수업이 끝나는 대로 점심을 먹으러 갑시다.

2) 선 생 : 사람들이 다 모이는 대로 시작할까요? (시작합시다)
　　학 생 : 예, 사람들이 다 모이는 대로 시작합시다.

3) 선 생 : 김 선생님이 오시는 대로 알려 드릴까요? (알려 주십시오)
　　학 생 : 예, 김 선생님이 오시는 대로 알려 주십시오.

4) 선 생 : 학교를 졸업하는 대로 유학을 가겠습니까? (유학을 가겠습
　　　　　니다)
　　학 생 : 예, 학교를 졸업하는 대로 유학을 가겠습니다.

5) 선 생 : 집에 도착하는 대로 전화를 하겠습니까? (전화를 하겠습니다)
　　학 생 : 예, 집에 도착하는 대로 전화를 하겠습니다.

18. 3 D3

(보기) 선 생 : 친구를 많이 사귀십시오.
　　　학 생 : 친구를 많이 사귀라고 합니다.

1) 선 생 : 날마다 신문을 읽으십시오.
　　학 생 : 날마다 신문을 읽으라고 합니다.

2) 선 생 : 차를 탈 때 줄을 서십시오.
　　학 생 : 차를 탈 때 줄을 서라고 합니다.

3) 선 생 : 출발하기 두 시간 전까지 공항에 나오십시오.
   학 생 : 출발하기 두 시간 전까지 공항에 나오라고 합니다.

4) 선 생 : 떠들지 마십시오.
   학 생 : 떠들지 말라고 합니다.

5) 선 생 : 수업 시간에 껌을 씹지 마십시오.
   학 생 : 수업 시간에 껌을 씹지 말라고 합니다.

18.3 D4

(보기) 선 생 : 학교에 몇 시까지 오라고 합니까? (아홉 시)
       학 생 : 학교에 아홉 시까지 오라고 합니다.

1) 선 생 : 짐을 어디에 놓으라고 합니까? (저쪽 구석)
   학 생 : 짐을 저쪽 구석에 놓으라고 합니다.

2) 선 생 : 선생님이 뭘 가져 오라고 합니까? (교과서)
   학 생 : 선생님이 교과서를 가져 오라고 합니다.

3) 선 생 : 통역을 누구한테 부탁하라고 합니까? (박 선생님)
   학 생 : 통역을 박 선생님한테 부탁하라고 합니다.

4) 선 생 : 사무실에서 언제까지 등록을 하라고 합니까? (다음 주)
   학 생 : 사무실에서 다음 주까지 등록을 하라고 합니다.

5) 선 생 : 누가 여기에서 사진을 찍지 말라고 합니까? (안내원)
   학 생 : 안내원이 여기에서 사진을 찍지 말라고 합니다.

18.3 D5

(보기) 선 생 : 수저를 주십시오.
　　　　학 생 : 수저를 달라고 합니다.

1) 선 생 : 영수증을 주십시오.
　　학 생 : 영수증을 달라고 합니다.

2) 선 생 : 좀 더 주십시오.
　　학 생 : 좀 더 달라고 합니다.

3) 선 생 : 사전을 빌려 주십시오.
　　학 생 : 사전을 빌려 달라고 합니다.

4) 선 생 : 천천히 설명해 주십시오.
　　학 생 : 천천히 설명해 달라고 합니다.

5) 선 생 : 전화번호를 써 주십시오.
　　학 생 : 전화번호를 써 달라고 합니다.

18.3 D6

(보기) 선 생 : 목이 마른데요. (아주머니 / 물을 주십시오)
　　　　학 생 : 아주머니에게 물을 달라고 하십시오.

1) 선 생 : 국이 너무 싱거운데요. (종업원 / 소금을 주십시오)
　　학 생 : 종업원에게 소금을 달라고 하십시오.

2) 선 생 : 시험지가 모자라는데요. (선생님 / 한 장 더 주십시오)
　　학 생 : 선생님에게 한 장 더 달라고 하십시오.

3) 선 생 : 영어를 배우고 싶은데요. (죤슨 씨 / 가르쳐 주십시오)
　　학 생 : 죤슨 씨에게 가르쳐 달라고 하십시오.

4) 선 생 : 문이 잠겼는데요. (아주머니 / 열어 주십시오)
   학 생 : 아주머니에게 열어 달라고 하십시오.

5) 선 생 : 운동화가 작은데요. (점원 / 바꿔 주십시오)
   학 생 : 점원에게 바꿔 달라고 하십시오.

18.4 D1

(보기) 선 생 : 일본에 돌아가기 전에 다 같이 만날까요? (연락을
         하다)
      학 생 : 예, 일본에 돌아가기 전에 연락을 해서 다 같이 만납
         시다.

1) 선 생 : 계절이 바뀌기 전에 옷을 살까요? (시장에 가다)
   학 생 : 예, 계절이 바뀌기 전에 시장에 가서 옷을 삽시다.

2) 선 생 : 그 음식점에 가기 전에 예약을 할까요? (전화를 걸다)
   학 생 : 예, 그 음식점에 가기 전에 전화를 걸어서 예약을 합시다.

3) 선 생 : 더 늦기 전에 결정을 할까요? (사람들과 의논을 하다)
   학 생 : 예, 더 늦기 전에 사람들과 의논을 해서 결정을 합시다.

4) 선 생 : 꾸중을 듣기 전에 빨리 끝낼까요? (시간을 내다)
   학 생 : 예, 꾸중을 듣기 전에 시간을 내서 빨리 끝냅시다.

5) 선 생 : 비가 오기 전에 집에 돌아갈까요? (서두르다)
   학 생 : 예, 비가 오기 전에 서둘러서 집에 돌아갑시다.

야단을 맞다

18.4   D2

(보기) 선 생 : 일이 끝나는 대로 연락하시겠습니까? (기다려 주다)
　　　　학 생 : 예, 일이 끝나는 대로 연락할테니까 기다려 주십시오.

1) 선 생 : 이사하는 대로 초대를 하시겠습니까? (꼭 오다)
　　학 생 : 예, 이사하는 대로 초대를 할테니까 꼭 오십시오.

2) 선 생 : 런던에 도착하는 대로 이미경 씨를 만나시겠습니까? (전화번호를 가르쳐 주다)
　　학 생 : 예, 런던에 도착하는 대로 이미경 씨를 만날테니까 전화번호를 가르쳐 주십시오.

3) 선 생 : 아침에 일어나는 대로 떠나시겠습니까? (준비해 주다)
　　학 생 : 예, 아침에 일어나는 대로 떠날테니까 준비해 주십시오.

4) 선 생 : 김 선생님이 오시는 대로 전해 주시겠습니까? (염려하지 말다)
　　학 생 : 예, 김 선생님이 오시는 대로 전해 드릴테니까 염려하지 마십시오.

5) 선 생 : 미국에서 전화가 오는 대로 알려 주시겠습니까? (자리를 비우지 말다)
　　학 생 : 예, 미국에서 전화가 오는 대로 알려 드릴테니까 자리를 비우지 마십시오.

18.4   D3

(보기) 선 생 : 바쁩니다 / 꼭 오십시오.
　　　　학 생 : 바빠도 꼭 오십시오.

1) 선 생 : 잠을 많이 잡니다 / 피곤합니다.
　　학 생 : 잠을 많이 자도 피곤합니다.

2) 선 생 : 약을 먹습니다 / 낫지 않습니다.
　　학 생 : 약을 먹어도 낫지 않습니다.

3) 선 생 : 기분이 나쁩니다 / 참으십시오.
　　학 생 : 기분이 나빠도 참으십시오.

4) 선 생 : 여러 번 봅니다 / 잘 모르겠습니다.
　　학 생 : 여러 번 봐도 잘 모르겠습니다.

5) 선 생 : 열심히 연습합니다 / 유창해지지 않습니다.
　　학 생 : 열심히 연습해도 유창해지지 않습니다.

18.4 D4

　(보기) 선 생 : 피곤해요? (많이 쉬다)
　　　　학 생 : 예, 많이 쉬어도 피곤해요.

1) 선 생 : 친구들을 자주 만나요? (바쁘다)
　　학 생 : 예, 바빠도 친구들을 자주 만나요.

2) 선 생 : 그 책을 이해하기가 힘들어요? (여러 번 읽다)
　　학 생 : 예, 여러 번 읽어도 그 책을 이해하기가 힘들어요.

3) 선 생 : 김 선생님을 만날 수 없어요? (지금 가다)
　　학 생 : 예, 지금 가도 김 선생님을 만날 수 없어요.

4) 선 생 : 이 옷을 사고 싶어요? (값이 비싸다)
　　학 생 : 예, 값이 비싸도 이 옷을 사고 싶어요.

5) 선 생 : 성적이 오르지 않아요? (열심히 노력하다)
　　학 생 : 예, 열심히 노력해도 성적이 오르지 않아요.

18.5　D1

(보기) 선 생 :　왜 그걸 가지고 오셨어요? (필요하다)
　　　　학 생 :　필요할 것 같아서 가지고 왔어요.

1) 선 생 :　왜 이 음식을 안 잡수세요? (맛이 없다)
　 학 생 :　맛이 없을 것 같아서 안 먹어요.

2) 선 생 :　왜 그 영화를 안 보셨어요? (재미없다)
　 학 생 :　재미없을 것 같아서 안 봤어요.

3) 선 생 :　왜 어제 연락하지 않으셨어요? (바쁘시다)
　 학 생 :　바쁘실 것 같아서 연락하지 않았어요.

4) 선 생 :　왜 이 가수의 테이프를 사셨어요? (언니가 좋아하다)
　 학 생 :　언니가 좋아할 것 같아서 샀어요.

5) 선 생 :　왜 친구에게 그 남자를 소개하지 않으세요? (친구가 싫어하다)
　 학 생 :　친구가 싫어할 것 같아서 소개하지 않아요.

18.5　D2

(보기) 선 생 :　잠깐 쉽시다.
　　　　학 생 :　잠깐 쉬자고 합니다.

1) 선 생 :　오늘은 그만합시다.
　 학 생 :　오늘은 그만하자고 합니다.

2) 선 생 :　다음 정류장에서 내립시다.
　 학 생 :　다음 정류장에서 내리자고 합니다.

3) 선 생 :　저녁엔 양식을 먹읍시다.
　 학 생 :　저녁엔 양식을 먹자고 합니다.

4) 선 생 : 과속하지 맙시다.
　 학 생 : 과속하지 말자고 합니다.

5) 선 생 : 수업 시간에 늦지 맙시다.
　 학 생 : 수업 시간에 늦지 말자고 합니다.

18. 5 D3

(보기) 선 생 : 친구들이 이번 공휴일에 어디에 가자고 합니까? (인천)
　　　 학 생 : 친구들이 이번 공휴일에 인천에 가자고 합니다.

1) 선 생 : 누가 커피를 마시자고 했습니까? (조 선생님)
　 학 생 : 조 선생님이 커피를 마시자고 했습니다.

2) 선 생 : 형이 어머니 생신 때 무엇을 사자고 했습니까? (속옷)
　 학 생 : 형이 어머니 생신 때 속옷을 사자고 했습니다. ≠ 겉옷
　　　　　　　　　　　　　　　　　　underwear

3) 선 생 : 사람들이 어디에서 모이자고 했습니까? (학교 정문 앞)
　 학 생 : 사람들이 학교 정문 앞에서 모이자고 했습니다.
　　　　　　　　　front door

4) 선 생 : 최 사장님이 언제 한잔하자고 했습니까? (다음 금요일)
　 학 생 : 최 사장님이 다음 금요일에 한잔하자고 했습니다.

5) 선 생 : 누가 같이 운전을 배우자고 했습니까? (동생)
　 학 생 : 동생이 같이 운전을 배우자고 했습니다.

18. 5 D4

(보기) 선 생 : 그림이 걸립니다.　　　　　곽동현
　　　 학 생 : 그림이 걸려 있습니다.

1) 선 생 : 전화기가 놓입니다.
   학 생 : 전화기가 놓여 있습니다.

2) 선 생 : 아이가 섭니다.
   학 생 : 아이가 서 있습니다.

3) 선 생 : 장미 꽃이 핍니다.
   학 생 : 장미 꽃이 피어 있습니다.

4) 선 생 : 문이 잠깁니다.
   학 생 : 문이 잠겨 있습니다.

5) 선 생 : 불이 켜집니다.
   학 생 : 불이 켜져 있습니다.

18.5 D5

(보기) 선 생 : 가게 문이 열려 있습니까?
       학 생 : 예, 가게 문이 열려 있습니다.

1) 선 생 : 집이 비어 있습니까?
   학 생 : 예, 집이 비어 있습니다.

2) 선 생 : 벽에 사진이 붙어 있습니까?
   학 생 : 예, 벽에 사진이 붙어 있습니다.

3) 선 생 : 창문이 닫혀 있습니까?
   학 생 : 예, 창문이 닫혀 있습니다.

4) 선 생 : 학생들이 의자에 앉아 있습니까?
   학 생 : 예, 학생들이 의자에 앉아 있습니다.

5) 선 생 : 책꽂이에 책이 꽂혀 있습니까?
   학 생 : 예, 책꽂이에 책이 꽂혀 있습니다.

감기는 만병의 근원이에요.
from cold comes ten thousand sickness

98.6°F (화씨)
36-37°C (섭씨)

체온 - body temp.
온도 - degree

간호사
간호하다
간호학 nursing

제 19 과
병

①

존 슨 :	감기약 좀 주세요.
약 사 :	증세가 어떠세요? 어떻게 아파요?
존 슨 :	며칠 잠이 오지 않아서 못 잤는데 오늘은 아침부터
	열이 나는데다가 목도 아파요.
약 사 :	독감이군요.
	요즘 감기가 유행입니다.
	이걸 식후에 한 봉지씩 드세요.
존 슨 :	며칠 분입니까?
약 사 :	이틀 분이에요.
	과로하지 말고 쉬세요.

Pharmacist

tablet, candy

한 알씩
한 숟갈씩
↓ spoon

미열 small fever

감기	a cold	증세	symptoms	열이 나다	[one] has a fever
목	throat	독감	flu, a severe cold	유행	prevalence
식후	after meals	봉지	a packet, small package		
분	portion, allotment	과로	over work, fatigue due to over work		

식전

봉투 envelope

유행가 popular song
유행어 popular language

청진기

②

의 사 : 어디가 불편하십니까?

존 슨 : 감기에 걸린 지 일주일쯤 됐는데, 어제부터 가슴이
      답답하고 기침이 많이 나요.

의 사 : 진찰을 해 보죠.

의 사 : 목이 많이 붓고 기관지가 나빠졌습니다.

존 슨 : 그래서 그런지 목이 아파요.

의 사 : 주사를 맞고 약을 잡수셔야겠습니다.

가슴	chest	답답하다	feels cramped (confined)
기침이 나다	[one] has coughing fits, "coughs arise"		
진찰	medical examination	붓다	to swell up, become swollen
기관지	respiratory tract; bronchus, bronchial tube	주사	an injection, a shot

가슴 둘레 chest measurements
어깨 넓이 width
허리 둘레 waist meas.

궁둥이 둘레 hip meas.

주사를 맞다

③

최영수 : 입원하셨다는 소식 듣고 놀랐습니다.
      좀 어떠세요? (병 문안) hospital visit

존 슨 : 처음 입원할 때보다는 많이 좋아졌어요.

입원하다	to enter hospital as a patient, be admitted to hospital, to be hospitalized	소식	news
		놀라다	to be suprised, startled

위 궤양 ulcer 폐렴 pneumonia
위 암 stomach cancer 폐결핵 tuberculosis
간 암 liver cancer 폐 암 lung cancer

최영수 : 의사 선생님은 뭐라고 그러세요?

죤 슨 : 검사 결과를 봐야 한다고 하시더군요.

최영수 : 그동안 너무 무리하셨습니다.

요즘은 약이 좋으니까 곧 나으실 거예요.

죤 슨 : 바쁘신데 와 주셔서 고맙습니다.

(pure korean) [곤]

76
73
149

| 검사 | a test, inspection | 결과 | result |
| 무리하다 | to over do it (things), to work too hard | | |

4

여자 1 : 많이 다치신 것 같은데 병원에 가 보세요.

여자 2 : 병원은요?

여자 1 : 그럼 상처를 꼭 누르고 계세요.

약을 바르고 붕대를 감아 드릴테니까요.

여자 2 : 붕대 감는 솜씨가 아주 훌륭하신데요.

다치다	to get hurt, wounded	상처	wound	누르다	to press, apply pressure to
바르다	to apply, smear, spread on	붕대	bandage, wrapping	감다	to wrap it
훌륭하다	great, impressive, marvelous				

머리를 감다 - wash hair

여자 1 :   농담하실 때가 아니에요.

　　　　　어떻게 하다가 이렇게 다치셨어요?

여자 2 :   아직 부엌 일이 서툴러서 칼에 베였어요.

농담	joke	솜씨	skill, talent [ability of things done with the hands]
칼	knife	서투르다	clumsy, awkward, unpracticed, unexperienced
베이다	to get a cut		

5

　　우리는 날마다 신문이나 라디오, 텔레비전에서 많은 약

광고를 보고 듣습니다.

"콧물 감기에는 ○○○"

"머리가 아플 땐 ○○○ 약"

"아기 설사에는 ○○ 시럽"

"신경통이라고요? 그럼 ○○을 잡수셔야지요."

　　이렇게 약 광고가 많은 것은 사람들이 약을 많이 먹기

때문이라고 생각합니다.

| 광고 | advertisement, commercial | 콧물 | runny-nose | 설사 | diarrhea |
| 신경통 | "nerve pain", neuralgia | | (나다) | | (하다) |

예민하다 - sensitive
둔하다 - numb

나도 약을 많이 먹습니다. 나만큼 약을 많이 먹는 사람도 없을 겁니다. 조금만 아파도 약국으로 달려갑니다.

또 소화제같은 것은 늘 가지고 다닙니다. 안 가지고 다니면 불안합니다. 아플 땐, "그냥 참으면 큰 병이 되지 않을까?" 하고 걱정하게 됩니다.

소화제 medicine for poor digestion, a digestive, a peptic
참다   to bear, suffer, or put up with; to endure

참으세요. — calm down

불안하다 feel insecure, unsafe, uneasy

처방서
prescription

Lesson 19

Getting Sick

1

Johnson	:	Please give me some cold medicine.
Pharmacist	:	What are your symptoms like?
Johnson	:	I haven't been able to sleep for several days, and today, on top of having a fever, my throat hurts, too.
Pharmacist	:	I see it must be the flu ["a sever cold"]. Lately there's been a cold going around. Try taking one of these packets after each meal. [take this (medicine) in the amount of one packet each after a meal…]
Johnson	:	How many day's portion is it?
Pharmacist	:	Two days. Don't overwork yourself and take it easy.

2

Doctor	:	Where does it feel uncomfortable?
Johnson	:	It's been about a week since I caught cold, and since yesterday my chest feels constricted and I'm coughing a lot.
Doctor	:	Why don't I have a look at you ["Why don't I try to examine you"].
Doctor	:	Your throat is quite swollen and your bronchi are in a bad state ["have gotten bad"].
Johnson	:	No wonder my throat hurts.
Doctor	:	You'll have to get a shot and take some medicine.

3

Choi Youngsoo	:	I was surprised to hear that you were hospitalized. How are you, then?
Johnson	:	I've improved a lot since when I first entered the hospital.
Choi Youngsoo	:	What does the doctor say?
Johnson	:	He said he had to see the test results [I recall].
Choi Youngsoo	:	You were pushing yourself too hard all the while.
		Medicine is good nowadays, so you'll get better right away.
Johnson	:	I know you must be busy, so thanks for coming to see me.

4

Woman 1	:	You seem to have hurt yourself quite badly—go to the hospital.
Woman 2	:	Hospital?! [Are you kidding?]
Woman 1	:	Then apply firm pressure to the wound. And I'll apply some medicine and wrap a bandage around it.
Woman 2	:	You're great at putting on bandages! ["Your bandage wrapping skill is great."]
Woman 1	:	This is no time for jokes. What did you do to hurt yourself like this?
Woman 2	:	I'm still clumsy at kitchen–work, so I cut myself on a knife.

5

Everyday we hear and see many medicine commercials in the newspapers and on radio and television.

"For the common cold… [For "runny–nose colds…"]"

"When you have a headache… medicine."

"For baby's diarrhea… syrup."

"You say you have aches and pains? Then you should take…"

I think the reason there are so many medicine advertisements like this is because people take so much medicine.

I take a lot of medicine, too. And I'll bet there is nobody who takes as much medicine as me, either. Even if I fall just a little ill, I run off to the pharmacy.

And I also go around with things like antacids ["digestion medicine"]. If I don't take them with me, I feel insecure. When I'm feeling ill, I get to worrying "Might it not become a serious illness if I just ignore ["put up with"] it?"

문 법

19. 1 G1 -는데다가 / -(으)ㄴ데다가

• This is a connective ending which attaches to verb stems to convey the idea of "on top of...; and what's more...; in addition to/besides...ing" (see 12.1 G2, 13.4 G1)

예: 요즘은 입맛이 없는데다가
소화도 안 돼요.

Lately, on top of having no appetite, I have poor digestion.

그 사람은 책을 많이 읽는데다가
생각도 깊이 해요.

Besides reading many books, he also reflects deeply.

밥을 먹은데다가 떡을 먹어서
배가 불러요.

In addition to eating [having eaten] rice, I ate rice cakes, so I'm full.

열이 많은데다가 기침도 해요.

In addition to having a high fever, he's also coughing.

길이 미끄러운데다가 신이
나쁩니다.

In addition to the road being slippery, I have bad shoes.

19. 2 G1 ㅅ Verbs

• Some verbs which end in ㅅ drop that ㅅ before endings which begin with a vowel.

낫다   "to get well, get better"

낫 + 았습니다   → 나았습니다

짓다   "to build (e.g. a house); to make (rice)"

짓 + 으면   → 지으면

붓다 ·   "to pour"

붓 + 어 주세요   → 부어 주세요

예: 약을 먹어서 좀 나았습니다.   I took some medicine, so it's gotten a bit better.

집을 다 지으면 우리를 초대하세요.   Once you've finished building the house, invite us over.

부어라, 마셔라! 기분 내자.   Pour! Drink! Let's make merry.

모르는 단어는 밑줄을 그어요.   I underline words I don't know.

줄이 짧으면 이어서 쓰세요.   If the lines are too short, continue writing on a new one.

19. 2 G2 Irregular Verbs

•You have now been introduced to the gamut of irregular verbs in Korean. There are the following types:

	RULE	E.g.	Exception	Ref.
ㅂ Verbs	final ㅂ〉오 or 우 before endings beginning with a vowel	돕다, 곱다 쉽다, 춥다	잡다, 좁다 입다, 집다	6.5G1
ㄷ Verbs	final ㄷ〉ㄹ before endings beginning with a vowel	듣다, 걷다 싣다, 묻다	닫다, 받다 믿다, 묻다	6.5G2
ㄹ Verbs	fianl ㄹ〉drops before endings beginning with ㄴ, ㅂ or ㅅ	살다, 팔다 알다, 울다		6.4G1

르 Verbs	before endings beginning with 아 or 어 the 으 drops and an ㄹ is added	모르다 다르다 고르다 빠르다		5.5G3
ㅅ Verbs	final ㅅ drops before endings beginning with a vowel	낫다, 짓다 붓다, 긋다	웃다, 벗다 씻다 빼앗다	19.2G1
ㅎ Verbs	*final ㅎ drops before endings beginning with a vowel or union vowel "으" *final -아/어 of the verb stem >애 before endings begining with -아/어.	어떻다 이렇다 빨갛다	좋다, 놓다 넣다, 싫다 많다	7.3G1

19.3 G1 -(이)라고 그러다

•This is the indirect quotation pattern -(이)라고 하다 with 그러다 "do so; say so" instead of 하다. You can think of 그러다 as an abbreviation for 그렇게 말하다 "says thus; says so."

•Depending on the type of sentence being quoted, there are the following patterns:

-는(ㄴ/은) 다고 그러다
-냐고 그러다
(으)라고 그러다
-자고 그러다

예: 그 사람은 취미가 뭐라고 그래요? What does that person say his hobbies are?

서울에 친척이 있다고 그랬어요. He said he has relatives in Seoul.

몇 시에 집에 들어오냐고 그랬어요. He asked what time I get home.

회의에 늦지 말라고 그러세요. Tell him not to be late to work [the firm].

만나서 차나 한잔하자고 그럽니다. He suggests we meet and have a cup of tea or something.

19. 3 G2 -더군요

•This is a combination of the retrospective tense–aspect suffix –더– and the "sudden realization" exclamatory ending –군요. It is used when the speaker recalls some past event with surprise.

예: 그 부인은 음식을 맛있게
만들더군요.

She sure did prepare food deliciously [as I recall]!

영희 방에는 남자 배우 사진이
많더군요.

There were all kinds of photos of male actors in Young–hee's room!

전화하니까 집에 아무도
없더군요.

When I called, there was nobody at home [I recall]!

그 사람은 듣기는 잘 하는데
말은 못 하더군요.

He speaks well, but as I recall, he couldn't speak!

선생님이 설명을 쉽게 잘
하시더군요.

The teacher explained [things] well in an easy fashion.

• This combined ending can attach to the past tense in cases when the speaker recalls or looks back on an experience, the action of which was already completed.

예: 사무실로 만나러 가니까
퇴근했더군요.

When I went to his office to meet him, he had already gone home!

그 물건을 사러 가니까 다
팔렸더군요.

When I went to buy that item, they were all sold out!

그 역사 책은 다른 사람이
빌려 갔더군요.

Somebody else had borrowed that history book!

→ 며칠 전에 그 두 사람이
다투었더군요.

Those two had fought a few days earlier!

그 사람은 하숙집을 옮겼더군요.

He had changed lodgings!

19.4 G1   -는요?/-은요?

• This attaches to nouns or adverbs and is a combination of the particle -는 (-은) and the polite ending 요. It is used by the speaker to simultaneously query, challenge and dispute something which has just been said.

예: 김 선생: 참 멋쟁이군요.   Mr. Kim: You are a real sharp dresser.
    박 선생: 멋쟁이는요?   Mr. Pak : Sharp dresser?

    김 선생: 차비 여기 있어요.   Mr. Kim: Here is my contribution for
                                                  travel expenses.

    박 선생: 차비는요?   Mr. Pak: Travel expenses? [Don't be
                                                  silly–its our treat].

    김 선생: 수고하셨어요.   Mr. Kim: Thanks for all your hard work.
    박 선생: 수고는요?   Mr. Pak : Hard work? [It was no big deal]

    김 선생: 장학생이에요?   Mr. Kim: Are you a scholarship student?
    박 선생: 장학생은요?   Mr. Pak : Scholarship student? [I wish!]

19.5 G1   -(이)라고요?

• This is the quotative particle -(이)라고 followed by the polite ending 요, and is used to query or double-check something that has just been said.

• You can also use this pattern in other sentence types as a final ending to show emphasis or to query previous utterances:

-는(ㄴ) 다고요?
-냐고요?
-라고요?
-자고요?

예: 김 선생: 이 감 좀 잡수세요.   *Mr. Kim:*   Please have this persimmon.
박 선생: 감이라고요?   *Mr. Pak :*   Persimmon, you say?

김 선생: 세종문화회관에 좀   *Mr. Kim:*   You should go see the Sejong
가 보세요.   Cultural Center.
박 선생: 어디라고요?   *Mr. Pak :*   Where do you say?

김 선생: 이거 어디서 났어?   *Mr. Kim:*   Where did this come from?
박 선생: 내가 만든 거라고요.   *Mr. Pak :*   I'm telling you, its something
                                   I made.

김 선생: 동창생을 만나야겠어요.   *Mr. Kim:*   I'm going to have to meet one
                                   of my classmates.

박 선생: 누구를 만난다고요?   *Mr. Pak :*   Who do say you're meeting?
벌써 5시인데,   I say, it's already 5 o'clock:
빨리 나가자고요.   let's go.

19. 5 G2 -만큼

• This is a particle meaning "as much as; to the extent of."

예: 오늘 일을 이만큼 많이 했어요.   Today I did this much work [work to this extent].

나도 너만큼 잘 할 수 있어.   I, too, can do it just as well as you.

어머니 사랑은 바다만큼 넓어요.   A mother's love is as wide as the ocean.

동생도 형만큼 튼튼해요.   The younger brother, too, is just as strong as his elder brother.

한국 사람만큼 부지런한 사람이   There are no people as diligent as the
없어요.   Koreans.

• This particle can also occur after the modifiers –는, –은, –ㄴ, 을, –ㄹ:

예: 네가 하는 만큼 나도 할 수 있어.   I can do as much as you do.

일한 만큼 돈을 못 받았어요.   I didn't get paid for all I did [I didn't receive money to the extent of the work I did].

먹을 만큼만 가져가.   Take only as much as you will eat.

노력한 만큼 좋은 결과가 나왔습니다.   A good result came out in accordance with the amount of effort we put in.

얼어 죽을 만큼 춥지는 않아요.   It's not so cold that we'll freeze to death. ["It's not cold to the extent of freezing to death."]

유형 연습

19. 1   D 1

(보기) 선 생 : 이영희 씨는 피아노를 잘 칩니다 / 노래도 잘 부릅니다.

학 생 : 이영희 씨는 피아노를 잘 치는데다가 노래도 잘 부릅니다.

1) 선 생 : 그 분은 성격이 좋습니다 / 재주도 많습니다.

학 생 : 그 분은 성격이 좋은데다가 재주도 많습니다.

2) 선 생 : 누나는 바느질을 잘 합니다 / 뜨개질도 잘 합니다.

학 생 : 누나는 바느질도 잘 하는데다가 뜨개질도 잘 합니다.

3) 선 생 : 그곳에서는 테니스를 칠 수 있습니다 / 수영도 할 수 있습니다.

학 생 : 그곳에서는 테니스를 칠 수 있는데다가 수영도 할 수 있습니다.

4) 선 생 : 그 회사는 월급이 적습니다 / 일도 너무 힘듭니다.

학 생 : 그 회사는 월급이 적은데다가 일도 너무 힘듭니다.

5) 선 생 : 오늘은 지각했습니다 / 숙제도 가져오지 않았습니다.

학 생 : 오늘은 지각한데다가 숙제도 가져오지 않았습니다.

19. 1   D 2

(보기) 선 생 : 비가 많이 와요? (바람도 몹시 불다)

학 생 : 예, 비가 많이 오는데다가 바람도 몹시 불어요.

1) 선 생 : 죤슨 씨는 공부를 잘 해요? (운동도 잘 하다)
   학 생 : 예, 죤슨 씨는 공부를 잘 하는데다가 운동도 잘 해요.

2) 선 생 : 열이 많이 나요? (기침도 많이 하다)
   학 생 : 예, 열이 많이 나는데다가 기침도 많이 해요.

3) 선 생 : 다나까 씨는 날마다 학교에 늦게 와요? (숙제도 안 하다)
   학 생 : 예, 다나까 씨는 날마다 학교에 늦게 오는데다가 숙제도
   안 해요.

4) 선 생 : 오 선생님 회사는 휴가가 많아요? (토요일에도 쉬다)
   학 생 : 예, 오 선생님 회사는 휴가가 많은데다가 토요일에도 쉬어요.

5) 선 생 : 전기가 나갔어요? (양초도 없다)
   학 생 : 예, 전기가 나간데다가 양초도 없어요.

19.1 D3

(보기) 선 생 : 물이 안 나와서 고생을 하셨지요? (오늘은 전기도 나
   갔다)
   학 생 : 예, 물이 안 나와서 고생을 했는데 오늘은 전기도 나
   갔어요.

1) 선 생 : 사람이 많아서 표를 사기 힘들었지요? (자리도 없었다)
   학 생 : 예, 사람이 많아서 표를 사기 힘들었는데 자리도 없었어요.

2) 선 생 : 시험을 잘 못 봐서 기분이 안 좋으셨지요? (지갑도 잃어버렸다)
   학 생 : 예, 시험을 잘 못 봐서 기분이 안 좋았는데 지갑도 잃어버렸
   어요.

3) 선 생 : 밤이 늦어서 지하철이 없었지요? (택시도 잡을 수 없었다)
   학 생 : 예, 밤이 늦어서 지하철이 없었는데 택시도 잡을 수 없었어요.

4) 선 생 : 날씨가 추워서 일하기가 어려웠지요? (저녁엔 눈도 왔다)

　　학 생 : 예, 날씨가 추워서 일하기가 어려웠는데 저녁엔 눈도 왔어요.

5) 선 생 : 생일 파티를 해서 기분이 좋았지요? (선물도 받았다)

　　학 생 : 예, 생일 파티를 해서 기분이 좋았는데 선물도 받았어요.

19. 1   D4

(보기) 선 생 : 내일 시험을 봐요. (놀다 / 공부하다)

　　　　학 생 : 놀지 말고 공부하세요.

1) 선 생 : 음식이 좀 상한 것 같아요. (먹다 /버리다)

　　학 생 : 먹지 말고 버리세요.

2) 선 생 : 이번 주말에 극장에 가려고 해요. (주말에 가다 / 평일에 가다)

　　학 생 : 주말에 가지 말고 평일에 가세요.

3) 선 생 : 자꾸 뚱뚱해져서 걱정이에요. (너무 많이 먹다 / 운동하다)

　　학 생 : 너무 많이 먹지 말고 운동하세요.

4) 선 생 : 이 옷이 너무 더러워요. (손으로 빨다 / 세탁소에 맡기다)

　　학 생 : 손으로 빨지 말고 세탁소에 맡기세요.

5) 선 생 : 요즘 잠이 안 와요. (커피를 마시다 / 우유를 들다)

　　학 생 : 커피를 마시지 말고 우유를 드세요.

19. 2   D1

(보기) 선 생 : 한국말을 배운 지 얼마나 됐어요? (6개월 / 아직 서
　　　　　　　　투르다)

　　　　학 생 : 한국말을 배운 지 6개월 됐는데 아직 서툴러요.

1) 선 생 : 치료를 받은 지 얼마나 됐어요? (1주일쯤 / 많이 좋아졌다)
   학 생 : 치료를 받은 지 1주일쯤 됐는데 많이 좋아졌어요.

2) 선 생 : 입사한 지 얼마나 됐어요? (5년 / 벌써 과장이 되었다)
   학 생 : 입사한 지 5년 됐는데 벌써 과장이 되었어요.

3) 선 생 : 한국에 온 지 얼마나 됐어요? (반 년쯤 / 아직 길을 잘 모르다)
   학 생 : 한국에 온 지 반 년쯤 됐는데 아직 길을 잘 몰라요.

4) 선 생 : 그 친구에게 편지를 쓴 지 얼마나 됐어요? (닷새 / 벌써 답장이 왔다)
   학 생 : 그 친구에게 편지를 쓴 지 닷새 됐는데 벌써 답장이 왔어요.

5) 선 생 : 이 TV를 산 지 얼마나 됐어요? (15년쯤 / 아직도 잘 나오다)
   학 생 : 이 TV를 산 지 15년쯤 됐는데 아직도 잘 나와요.

19. 2 D2

(보기) 선 생 : 어제 잠을 자지 못 했어요. (피곤해 보이는군요)
       학 생 : 그래서 그런지 피곤해 보이는군요.

1) 선 생 : 요즘 한국말로 일기를 써요. (쓰기가 좋아졌어요)
   학 생 : 그래서 그런지 쓰기가 좋아졌어요.

2) 선 생 : 최 선생님이 다음 달에 결혼을 해요. (요즘 최 선생님이 바쁜 것 같아요)
   학 생 : 그래서 그런지 요즘 최 선생님이 바쁜 것 같아요.

3) 신 생 : 저는 요즘 아침마다 수영을 해요. (아주 건강해 보이는군요)
   학 생 : 그래서 그런지 아주 건강해 보이는군요.

4) 선 생 : 정미 씨 아버님이 많이 편찮으시다고 해요. (정미 씨가 요즘 힘이 없어요)

학 생 : 그래서 그런지 정미 씨가 요즘 힘이 없어요.

5) 선 생 : 내일부터 라면 값이 오른다고 해요. (오늘 슈퍼마켓에 라면이 없었어요)

학 생 : 그래서 그런지 오늘 슈퍼마켓에 라면이 없었어요.

19.2 D3

(보기) 선 생 : 이 일은 혼자하기가 어렵지요? (선생님께서 도와 주시다)

학 생 : 예, 선생님께서 좀 도와 주셔야겠습니다.

1) 선 생 : 여기에 서명을 해야 됩니까? (서명을 하시다)

학 생 : 예, 서명을 좀 하셔야겠습니다.

2) 선 생 : 그 책에 어려운 단어가 많지요? (사전을 빌려 주시다)

학 생 : 예, 사전을 좀 빌려 주셔야겠습니다.

3) 선 생 : 급한 일이 생겼나요? (내일 아침에 와 주시다)

학 생 : 예, 내일 아침에 좀 와 주셔야겠습니다.

4) 선 생 : 이 보고서를 내일까지 끝내야 합니까? (내일까지 끝내 주시다)

학 생 : 예, 내일까지 좀 끝내 주셔야겠습니다.

5) 선 생 : 제 머리가 너무 길죠? (머리를 자르시다)

학 생 : 예, 머리를 좀 자르셔야겠습니다.

19.3 D1

(보기) 선 생 : 이 옷이 야합니다. *showy*

학 생 : 이 옷이 야하다고 그래요.

1) 선 생 : 내일이 한글날입니다. — oct. 9

학 생 : 내일이 한글날이라고 그래요.

2) 선 생 : 김 선생님은 주말마다 등산을 갑니다.

학 생 : 김 선생님은 주말마다 등산을 간다고 그래요.

3) 선 생 : 왜 지난 번에 오지 않았습니까?

학 생 : 왜 지난 번에 오지 않았냐고 그래요.

4) 선 생 : 앞으로 잘 지냅시다.

학 생 : 앞으로 잘 지내자고 그래요.

5) 선 생 : 필요한 것이 있으면 부탁하십시오.

학 생 : 필요한 것이 있으면 부탁하라고 그래요.

19.3 D2

(보기) 선 생 : 정 선생님 댁이 어디라고 그래요? (압구정동)

학 생 : 압구정동이라고 그래요.

1) 선 생 : 아이들이 어디에 가고 싶다고 그래요? (놀이터)

학 생 : 놀이터에 가고 싶다고 그래요.

2) 선 생 : 그 음악회는 어디에서 열린다고 그래요? (국립극장)

학 생 : 국립극장에서 열린다고 그래요.
National

3) 선 생 : 내일 몇 시까지 오라고 그래요? (열 시 반)

학 생 : 열 시 반까지 오라고 그래요.

4) 선 생 : 누가 한잔하자고 그래요? (회사 친구들)
　학 생 : 회사 친구들이 한잔하자고 그래요.

5) 선 생 : 누가 날마다 숙제했냐고 그래요? (우리 선생님)
　학 생 : 우리 선생님이 날마다 숙제했냐고 그래요.

19.3　D3

(보기) 선 생 :　김 선생님이 반갑게 인사를 하셨습니다.
　　　　학 생 :　김 선생님이 반갑게 인사를 하시더군요.

1) 선 생 :　지난 번에 갔던 산이 참 좋았습니다.
　학 생 :　지난 번에 갔던 산이 참 좋더군요.

2) 선 생 :　어제 본 영화가 아주 슬펐습니다.
　학 생 :　어제 본 영화가 아주 슬프더군요.

3) 선 생 :　아저씨는 방에서 주무시고 계셨습니다.
　학 생 :　아저씨는 방에서 주무시고 계시더군요.

4) 선 생 :　우리가 도착했을 때 비가 왔습니다.
　학 생 :　우리가 도착했을 때 비가 오더군요.

5) 선 생 :　그 약을 먹으니까 곧 감기가 나았습니다.
　학 생 :　그 약을 먹으니까 곧 감기가 낫더군요.

19.3　D4

(보기) 선 생 :　윤 선생님이 뭘 하고 계셨어요? (꽃에 물을 주고 계
　　　　　　　셨다)
　　　　학 생 :　꽃에 물을 주고 계시더군요.

1) 선 생 : 어제 결혼식에서 신부가 어땠어요? (밝고 예뻤다)

    학 생 : 밝고 예쁘더군요.

2) 선 생 : 그 소설책이 어땠어요? (너무 슬퍼서 눈물이 나왔다)

    학 생 : 너무 슬퍼서 눈물이 나오더군요.

3) 선 생 : 최 선생님과 통화하셨어요? (아니오, 안 계셨다)

    학 생 : 아니오, 안 계시더군요.

4) 선 생 : 어제 선 본 남자 어땠어요? (솔직하고 착해 보였다)

    학 생 : 솔직하고 착해 보이더군요.

5) 선 생 : 슈퍼마켓에서 신문을 살 수 있었어요? (아니오, 안 팔았다)

    학 생 : 아니오, 안 팔더군요.

19.4 D1

(보기) 선 생 : 그분에게 여쭈어 볼까요? (그분이 잘 아시다)

       학 생 : 예, 그분이 잘 아시는 것 같은데 여쭈어 보세요.

1) 선 생 : 문을 두드려 볼까요? (안에 사람이 있다)

    학 생 : 예, 안에 사람이 있는 것 같은데 두드려 보세요.

2) 선 생 : 박 선생님께 이 일을 부탁해 볼까요? (요즘 한가하다)

    학 생 : 예, 요즘 한가한 것 같은데 부탁해 보세요.

3) 선 생 : 제가 한 번 해 볼까요? (전에 해 본 일이 있다)

    학 생 : 예, 전에 해 본 일이 있는 것 같은데 해 보세요.

4) 선 생 : 홍 선생님 댁에 전화해 볼까요? (계시겠다)

    학 생 : 예, 계실 것 같은데 전화해 보세요.

5) 선 생 : 좀 더 기다려 볼까요? (곧 오시겠다)

    학 생 : 예, 곧 오실 것 같은데 기다려 보세요.

19.4 D2

(보기) 선 생 : 예습 많이 하셨어요? (예습)
　　　　학 생 : 예습은요?

1) 선 생 : 동생이 미인이군요. (미인) *handsome*
　　학 생 : 미인은요?

2) 선 생 : 자동차를 갖고 계시죠? (자동차)
　　학 생 : 자동차는요?

3) 선 생 : 지금쯤 과장이 되셨겠군요. (과장)
　　학 생 : 과장은요?

4) 선 생 : 그분은 부자인 것 같아요. (부자)
　　학 생 : 부자는요?

5) 선 생 : 이제 결혼을 하셔야겠습니다. (결혼)
　　학 생 : 결혼은요?

19.4 D3

(보기) 선 생 : 오늘은 쉴까요? (피곤하시다)
　　　　학 생 : 예, 오늘은 쉬세요. 피곤하실테니까요.

1) 선 생 : 일본말을 배워 볼까요? (제가 도와 드리다)
　　학 생 : 예, 일본말을 배워 보세요. 제가 도와 드릴테니까요.

2) 선 생 : 교문 앞에서 기다릴까요? (제가 곧 가다)
　　학 생 : 예, 교문 앞에서 기다리세요. 제가 곧 갈테니까요.

3) 선 생 : 노래를 불러 볼까요? (제가 기타를 쳐 드리다)
   학 생 : 예, 노래를 불러 보세요. 제가 기타를 쳐 드릴테니까요.

4) 선 생 : 수영을 시작해 볼까요? (제가 좋은 수영장을 가르쳐 드리다)
   학 생 : 예, 수영을 시작해 보세요. 제가 좋은 수영장을 가르쳐 드릴
   테니까요.

5) 선 생 : 백과 사전을 살까요? (꼭 필요하다)
   학 생 : 예, 백과 사전을 사세요. 꼭 필요할테니까요.
   encyclopedia

19.4 D4

(보기) 선 생 : 기차를 놓쳤어요.
       학 생 : 어떻게 하다가 기차를 놓쳤어요?

1) 선 생 : 친구하고 싸웠어요.
   학 생 : 어떻게 하다가 친구하고 싸웠어요?

2) 선 생 : 길에서 넘어졌어요.
   학 생 : 어떻게 하다가 길에서 넘어졌어요?

3) 선 생 : 지갑을 잃어 버렸어요.
   학 생 : 어떻게 하다가 지갑을 잃어 버렸어요?

4) 선 생 : 낙제를 했어요.
   학 생 : 어떻게 하다가 낙제를 했어요?

5) 선 생 : 교통사고를 냈어요.
   학 생 : 어떻게 하다가 교통사고를 냈어요?

19.5   D1

(보기) 선 생 : 내일이 우리 학교 창립기념일이라고 들었습니다. *commeroration*
　　　 학 생 : 내일이 우리 학교 창립기념일이라고요?

1) 선 생 : 회사를 옮기신다고 들었습니다.
　 학 생 : 회사를 옮기신다고요?

2) 선 생 : 그분이 유명한 변호사라고 들었습니다.
　 학 생 : 그분이 유명한 변호사라고요?

3) 선 생 : 윤희 씨의 목소리가 아름답다고 들었습니다.
　 학 생 : 윤희 씨의 목소리가 아름답다고요?

4) 선 생 : 이번 주말에 태풍이 온다고 들었습니다.
　 학 생 : 이번 주말에 태풍이 온다고요?

5) 선 생 : 김 선생님이 병원에 입원하셨다고 들었습니다.
　 학 생 : 김 선생님이 병원에 입원하셨다고요?

19.5   D2

(보기) 선 생　　 : 저 건물이 기숙사입니다.
　　　 학 생 1 : 저 건물이 기숙사라고요?
　　　 학 생 2 : 예, 저 건물이 기숙사라고요.

1) 선 생　　 : 소나기가 옵니다.
　 학 생 1 : 소나기가 온다고요?
　 학 생 2 : 예, 소나기가 온다고요.

2) 선 생　　 : 오늘이 어제보다 더 무덥습니다.
　 학 생 1 : 오늘이 어제보다 더 무덥다고요?
　 학 생 2 : 예, 오늘이 어제보다 더 무덥다고요.

3) 선 생　　:　내일 뭐 합니까?
　　학 생 1 :　내일 뭐 하냐고요?
　　학 생 2 :　예, 내일 뭐 하냐고요.

4) 선 생　　:　아침 일찍 출발합시다.
　　학 생 1 :　아침 일찍 출발하자고요?
　　학 생 2 :　예, 아침 일찍 출발하자고요.

5) 선 생　　:　문을 닫으십시오.
　　학 생 1 :　문을 닫으라고요?
　　학 생 2 :　예, 문을 닫으라고요.

19.5　D3

　　(보기) 선 생 :　63빌딩이 높아요. (남산)
　　　　　학 생 :　63빌딩이 남산만큼 높아요.

1) 선 생 :　민지도 수영을 잘 해요. (경희)
　　학 생 :　민지도 경희만큼 수영을 잘 해요.

2) 선 생 :　동생도 귀여워요. (언니)
　　학 생 :　동생도 언니만큼 귀여워요.

3) 선 생 :　제 동생이 키가 커요. (아버지)
　　학 생 :　제 동생이 아버지만큼 키가 커요.

4) 선 생 :　어머니가 음식을 잘 만드세요. (요리사)
　　학 생 :　어머니가 요리사만큼 음식을 잘 만드세요.

5) 선 생 :　선물을 주는 것이 기뻐요. (선물을 받는 것)
　　학 생 :　선물을 주는 것이 선물을 받는 것만큼 기뻐요.

19.5 D4

(보기) 선 생 : 읽기 시간이 재미있지요? (시간)
　　　　학 생 : 예, 읽기 시간만큼 재미 있는 시간은 없어요.

1) 선 생 : 이사하는 일이 귀찮지요? (일)
　　학 생 : 예, 이사하는 일만큼 귀찮은 일은 없어요.

2) 선 생 : 그 선수가 빠르지요? (선수)
　　학 생 : 예, 그 선수만큼 빠른 선수는 없어요.

3) 선 생 : 철호 씨가 멋있지요? (남자)
　　학 생 : 예, 철호 씨만큼 멋있는 남자는 없어요.

4) 선 생 : 세원이가 사람들을 잘 웃기죠? (아이)
　　학 생 : 예, 세원이만큼 사람들을 잘 웃기는 아이는 없어요.

5) 선 생 : 아플 때 어머니가 그리워지지요? (때) *miss*
　　학 생 : 예, 아플 때만큼 어머니가 그리워지는 때는 없어요.

19.5 D5

(보기) 선 생 : 할 일이 많은데요. (그분에게 부탁하다 / 들어주다)
　　　　학 생 : 그분에게 부탁하면 들어주지 않을까?

1) 선 생 : 최근 잡지를 보고 싶은데요. (도서관에 가다 / 볼 수 있다)
　　학 생 : 도서관에 가면 볼 수 있지 않을까?

2) 선 생 : 지금 비가 오는데 어떻게 하지요? (조금 있다 / 그치다)
　　학 생 : 조금 있으면 그치지 않을까?

3) 선 생 : 몸이 약해서 걱정이에요. (규칙적으로 운동을 하다 / 좋아
          지다) regular exercise

   학 생 : 규칙적으로 운동을 하면 좋아지지 않을까?

4) 선 생 : 저는 아이가 많았으면 좋겠어요. (아이가 많다 / 키우기가 힘
          들다)

   학 생 : 아이가 많으면 키우기가 힘들지 않을까?

5) 선 생 : 그 회사 건물을 잘 모르는데요. (시청 앞에서 물어보다 / 찾
          을 수 있다)

   학 생 : 시청 앞에서 물어보면 찾을 수 있지 않을까?

제 20 과

사 무 실

☐1

과　　장 : 타자 칠 줄 아십니까?
(dept. manager)

신입사원 : 한글 타자는 칠 줄 압니다만 … (알지만)
(new employee)

과　　장 : 그럼 됐습니다.

　　　　　지금 바쁘지 않으면 이것 좀 쳐 주세요.

신입사원 : 영어도 있군요.

　　　　　언제까지 해야 됩니까?

과　　장 : 좀 급한 서류예요.
　　　　　　　　　　　　　　　　　　감사하겠습니다.

　　　　　될 수 있는 대로 빨리 해 주시면 좋겠습니다.

신입사원 : 알겠습니다.

　　　　　지금 곧 해 드리겠습니다.
　　　　　　　(금방)

타자 치다	to type, typewrite	한글 타자	Hangul typing, typing in Korean
급하다	is urgent, pressing	서류	a document, paper

입사하다 - new job
신입 사원 - new employee

2

이따가 (later)

것인데

신입사원 : 아까 부탁하신 건데 잘 됐는지 모르겠습니다.

과   장 : 어디 봅시다.

이런 일에 경험이 있으시군요.

신입사원 : 취직 시험을 보려고 연습을 좀 했었습니다.

과   장 : 다 잘 됐는데 맞춤법 몇 군데가 틀렸네요.

urgent

신입사원 : 좀 급하게 해서 … 다시 고쳐가지고 오겠습니다.

과   장 : 그러시겠어요?

유 경험자 ≠ 무경험자
경험자 person w/ experience

경험	experience	취직 시험	employment examination (for a company)
맞춤법	orthography, spelling rules	군데	spot, place
틀리다	is wrong,	고치다	to fix, correct

교정하다 - correct

3

회사원 1 : 날씨가 많이 풀렸습니다.

회사원 2 : 선생님 새 양복을 보니까 사무실이 다 환해진 것

같습니다.

회사원 1 : 그래요?

며칠 전에 샀는데 저한테 잘 맞는지 모르겠습니다.

회사원 2 : 아주 멋있습니다.

선생님은 아무 옷이나 다 잘 어울려요.

회사원 1 : 허허, 이거 가만히 있을 수 없군.

퇴근 후에 한턱 내야겠는데요.

회사원 2 : 농담은 아니시겠죠.

오늘 점심은 굶어야겠어요.

풀리다	to become untied (resolved), to get milder after a bad hot or cold spell (weather)		
환하다	is bright, light and cheery	멋있다	is stylish
어울리다	it suit's goes well with someone	가만히 있다	to sit quietly and without reaction
한턱 내다	to treat somebody to food and (or) drink	농담	joke ≠ 진답
		굶다	to starve, to go without food or meal

굶기다 to stARve (somebody)

4

회사원 1 : 퇴근 안 하십니까?

회사원 2 : 전 아직 일이 좀 남았는데, 먼저 가십시오.

회사원 1 : 중요한 게 아니면 같이 나갑시다.

회사원 2 : 이건 회의에 낼 보고서인데, 오늘 끝내지 않으면
안 됩니다.

회사원 1 : 그래요?

제가 도와 드릴 일은 없습니까?

회사원 2 : 괜찮습니다.

조금만 하면 끝납니다.

| 퇴근 | knocking off work, hanging it up for the day | 남다 | to remain, be left over |
| 보고서 | a written report | 회의 | meeting, conference |

보고하다 report

5

government

공무원이 된 지 꼭 1년이 되었습니다.

직장에 나가면 정신 없이 바쁩니다. 그렇지만 일은 재미
있습니다. (한테)

이 일이 제게 맞는 것 같습니다.

물론 피곤할 때도 있습니다.

| 직장 | one's place of work | 정신 없이 | insanely |
| 맞다 | it fits, suits, is right for | | |

계획에 없던 일을 할 때나 갑자기 문제가 생겼을 때는 당황
합니다.

그럴 때마다 서로 도와 주기도 하고 도움을 받기도 합니다.

그런 날은 퇴근길에 동료들과 한잔합니다.

[뇨]

갑자기	suddenly	문제가 생기다	a problem arises or comes up
당황하다	to be confused or flustened, at a loss	동료	colleague, fellow worker

Lesson 20

At the Office

1

Section Head	:	Do you know how to type?
Clerk	:	I know how to type Hangul but…
Section Head	:	That's just fine. If you're not busy now, please type this for me.
Clerk	:	I see there's English in it, too. When should I do it by?
Section Head	:	It's a rather urgent document. It'd be best if you did it as fast as possible.
Clerk	:	Yes, sir. I'll do it right away.

2

Clerk	:	This is the thing you just asked me to do… I hope it came out all right.
Section Head	:	Let's have a look at it. I see you have experience in these matters.
Clerko	:	I had done some practice for ["thinking I would take"] the employment examinations.
Section Head	:	It's all ["turned out"] fine, but the spelling is wrong in a few places.
Clerk	:	I did it in a bit of a hurry… I'll correct it and bring it back.
Section Head	:	Would you please?

3

Clerk 1	:	The weather has gotten much milder.
Clerk 2	:	Seeing your new suit, it seems the office has become much brighter.
Clerk 1	:	Really? I bought it a few days ago, but I'm not sure it suits me.
Clerk 2	:	It's very stylish. You look good in any clothes.
Clerk 1	:	Hah–hah. I see I won't be able to sit quiet on this [your constant flattery]. I'll have to treat you after work.
Clerk 2	:	You're not joking, right? I'll have to go light on lunch today [to make room for the good foods you're going to treat me tonight].

4

Clerk 1	:	Aren't you going to knock off for the day? [Aren't you going to call it a day/go home?]
Clerk 2	:	I've still got a bit of work left, so you go on ahead.
Clerk 1	:	If it's not important, let's leave together.
Clerk 2	:	This is a report to present at the meeting, so I have to finish it by today.
Clerk 1	:	Really? Isn't there anything I can help you with?
Clerk 2	:	That's OK. It'll be finished if I do just a bit [more].

5

It's been exactly one year since I became a civil servant.

When I go ["off/out"] to work, I am insanely busy. But the work is interesting.

This work seems to suit me.

Of course, there are times when I am tried.

I get flustered when problems suddenly come up or when I do things which weren't in the plan.

Every time such things happen, I both ["mutually"] help others and receive help from others.

문 법

20. 1 G1 -(으)ㄹ 줄 알다 (모르다)

• This pattern attaches to action verb stems and expresses the idea of "knowing how to do something."

예: 한자를 읽을 줄 알아요.	I know how to read Chinese characters.
밥을 지을 줄 알아요?	Do you know how to cook rice?
밥을 지을 줄 몰라요?	You don't know how to cook rice?
그럼 뭘 할 줄 알아요?	Then what do you know how to do?
인사할 줄 몰라서 실례를 했어요.	I don't know how to pay my respects [properly], so I committed an indiscretion.
예의 있게 전화 걸 줄 아는 사람이 없어요.	There is nobody who knows how to make a phone call politely [with proper etiquette].

[handwritten annotation: 짓다]

20. 2 G1 -었 (았, 였) 었-

• This is the "double" past tense suffix. It attaches to verbs stems to express the idea that an action or state occurred in the past, but that the action or state has not continued up to the present.

예: 작년에 구라파에 갔었어요.	I went to Europe last year [but I'm back now. Compare: 그 사람이 구라파에 갔어

요. = He went to Europe (and he's still there: the action is still in effect).]

아까 안경이 여기 있었는데 어디 갔지?	My glasses were here just a moment ago— where have they gone?
전에 만났었는데 얼굴이 기억 안 나요.	I [had] met him once before, but I can't remember his face.
정원에다가 나무를 심었었는데 죽었습니다.	I planted trees in the garden [once long ago], but they've all died.
조금 전까지 대문이 열렸었어요.	The door was open until a little while ago [but it isn't anymore].

•In colloquial Korean the regular past –었– is often used where we would expect the "double" past –었었–.

20. 2 G2 -네요

• This is an exclamatory ending which attaches to all verb stems. Compared to the exclamatory ending –군요 which expresses "first realization," this ending is more of a mild exclamation, translatable by "My, …!", "Gosh, …!" or the like.

• the Intimate Style version is obtained by dropping the 요.

예: 이제는 나뭇잎이 떨어지네요.	Say, the tree leaves are falling now!
몸이 많이 말랐네요.	My, you've gotten quite skinny!
지금 떠나면 9시 안에 도착하지 못하겠네요.	Gee, if you leave now, you won't be able to arrive before 9 o'clock!
한국말 실력이 대단하네요.	Wow, your ability in Korean is tremendous!

20.3 G1 –어지는 것 같다

•This is a combination of the pattern –어지다 "gets to be…; becomes…" and –는 것 같다 "seems to be doing." (see 9.3 G2)

예: 들이 점점 파래지는 것 같습니다.	The fields seem to be getting gradually greener.
도시 생활이 복잡해지는 것 같아요.	City life seems to be getting more complicated.
두 사람 사이가 가까와지는 것 같지요?	It looks like those two are getting ever closer, doesn't it?
공해가 심해지는 것 같군요.	Boy, it sure does seem the pollution is getting worse!
오늘은 글이 잘 써지는 것 같아요.	Today the words seem to be flowing from my pen ["the writings seem to be getting written well"].

20.4 G1 –지 않으면 안 되다

• This is a combination of the long form negative in –지 않아요 and the pattern –으면 안 되다 "if you do it, it will not do > you must not do it." Thus, the two negatives combine to give the sense "if you don't do it, it won't do > you must do it."

예: 내일은 모두 일찍 일어나지 않으면 안 돼요.	We must all get up early tomorrow.
넥타이를 매지 않으면 안 됩니까?	Do I have to wear a tie?
국민은 세금을 내지 않으면 안 됩니다.	The citizens must pay taxes.

말일까지 전화 요금을 내지 않으면 안 되지요?	I have to pay the telephone charges by the deadline, don't I?
성공하려면 노력하지 않으면 안 돼요.	If you want to succeed, you must exert yourself.

20. 5 G1 그렇지만, 그런데, 그러면…

• These are sentential adverbs based on the 그러하다 "do so; do thus" which link two sentences together. We can name the following:

예: 그렇지만	"but, however"
그런데	"by the way; and yet...; then (under the circumstances)"
그러면	"if so; if that is the case, in that case; then"
그래서	"therefore; thus;"
그리고	"and then; and"
그러니까	"so; thus; therefore"
그러나	"but, however (a bit more literary than 그렇지만)"
그러므로	"therefore; hence (somewhat literary)"
그래도	"nonetheless; however; all the same; still"

예: 그 사람은 마음이 좋습니다.	He is a nice person.
그렇지만 일은 잘 못합니다.	But he doesn't work well.

그 사람은 마음이 좋습니다.	He is a nice person.
그리고 일도 잘 합니다.	And he also works well.
그 사람은 마음이 좋습니다.	He is a nice person.
그러니까 사귀어 보세요.	So try to get to know him.
그 사람은 마음이 좋습니다.	He is a nice person.
그러나 일은 잘 못합니다.	But he doesn't work well.
그 사람은 마음이 좋습니다.	He is a nice person.
그래도 친구가 없어요.	Nonetheless, he has no friends.
그 사람은 마음이 좋습니다.	He is a nice person.
그래서 친구가 많아요.	Thus, he has many friends.

예: 김 선생 : 그 사람은 마음이
　　　　　좋습니다.

Mr. Kim : He is a nice person.

박 선생 : 그런데 왜 사귀지
　　　　　않아요?

Mr. Pak : Then why don't you get to
　　　　　know him?

김 선생 : 그 사람은 마음이
　　　　　좋습니다.

Mr. Kim : He is a nice person.

박 선생 : 그러면 소개해
　　　　　주세요.

Mr. Pak : Then [in that case] introduce
　　　　　him to me.

김 선생 : 그 사람은 마음이
　　　　　좋습니다.

Mr. Kim : He is nice person.

박 선생 : 그래서 친구가 많군요.

Mr. Pak : So that's why he has lot's of
　　　　　friends [now I realize]!

유형 연습

20. 1   D1

(보기) 선 생 : 운전을 합니다 / 압니다.
　　　 학 생 : 운전을 할 줄 압니다.

1) 선 생 : 사전을 찾습니다 / 모릅니다.
　 학 생 : 사전을 찾을 줄 모릅니다.

2) 선 생 : 태권도를 합니다 / 압니다.
　 학 생 : 태권도를 할 줄 압니다.

3) 선 생 : 타자를 칩니다 / 모릅니다.
　 학 생 : 타자를 칠 줄 모릅니다.

4) 선 생 : 젓가락을 씁니다 / 모릅니다.
　 학 생 : 젓가락을 쓸 줄 모릅니다.

5) 선 생 : 한국 음식을 만듭니다 / 압니다.
　 학 생 : 한국 음식을 만들 줄 압니다.

20. 1   D2

(보기) 선 생 : 자전거를 탈 줄 아세요? (예)
　　　 학 생 : 예, 자전거를 탈 줄 알아요.

1) 선 생 : 기타를 칠 줄 아세요? (아니오)
　 학 생 : 아니오, 기타를 칠 줄 몰라요.

2) 선 생 : 붓글씨를 쓸 줄 아세요? (예)

   학 생 : 예, 붓글씨를 쓸 줄 알아요.

3) 선 생 : 바둑을 둘 줄 아세요? (아니오)

   학 생 : 아니오, 바둑을 둘 줄 몰라요.

4) 선 생 : 이 기계를 사용할 줄 아세요? (예)

   학 생 : 예, 이 기계를 사용할 줄 알아요.

5) 선 생 : 김치를 담글 줄 아세요? (예)

   학 생 : 예, 김치를 담글 줄 알아요.

20. 1 D3

report

(보기) 선 생 : 보고서를 언제까지 내야 돼요? (빨리 내세요)

     학 생 : 될 수 있는 대로 빨리 내세요.

1) 선 생 : 내일 몇 시까지 오시겠어요? (일찍 오겠어요)

   학 생 : 될 수 있는 대로 일찍 오겠어요.

2) 선 생 : 내일 회의에 참석할 수 없을 것 같아요. (참석하세요)

   학 생 : 될 수 있는 대로 참석하세요. participate

3) 선 생 : 요즘 소화가 안 돼요. (천천히 잡수세요)

   학 생 : 될 수 있는 대로 천천히 잡수세요.

4) 선 생 : 몇 명쯤 초대하겠어요? (많이 초대하려고 해요)

   학 생 : 될 수 있는 대로 많이 초대하려고 해요.

5) 선 생 : 어떻게 하면 외국어를 빨리 배울 수 있나요? (많이 듣고 많
           이 말하세요)

   학 생 : 될 수 있는 대로 많이 듣고 많이 말하세요.

20.2 D1

(보기) 선 생 : 작년에 제주도에 갔습니다.
　　　　학 생 : 작년에 제주도에 갔었습니다.

1) 선 생 : 고등학교 때 교복을 입었습니다.
　　학 생 : 고등학교 때 교복을 입었었습니다.

2) 선 생 : 그 병원에 입원했습니다.
　　학 생 : 그 병원에 입원했었습니다.

3) 선 생 : 어제 선생님 댁에 전화를 했습니다.
　　학 생 : 어제 선생님 댁에 전화를 했었습니다.

4) 선 생 : 5년 전까지 은행에 다녔습니다.
　　학 생 : 5년 전까지 은행에 다녔었습니다.

5) 선 생 : 한국에 살 때 신촌에서 하숙했습니다.
　　학 생 : 한국에 살 때 신촌에서 하숙했었습니다.

20.2 D2

(보기) 선 생 : 그분을 만난 적이 있어요? (1년 전에)
　　　　학 생 : 예, 1년 전에 만났었어요.

1) 선 생 : 여기에 온 적이 있어요? (지난 주에)
　　학 생 : 예, 지난 주에 왔었어요.

2) 선 생 : 한국말을 배운 적이 있어요? (1989년에)
　　학 생 : 예, 1989년에 배웠었어요.

3) 선 생 : 스케이트를 타 본 적이 있어요? (작년 겨울에)
　　학 생 : 예, 작년 겨울에 타 봤었어요.

4) 선 생 : 한국에서 김치를 먹어 본 적이 있어요? (미국에서)
   학 생 : 예, 미국에서 먹어 봤었어요.

5) 선 생 : 제주도에 간 적이 있어요? (대학교 때)
   학 생 : 예, 대학교 때 갔었어요.

20.2 D3

(보기) 선 생 : 이 옷이 어때요? (잘 어울리다)
       학 생 : 잘 어울리네요.

1) 선 생 : 제 아이들 사진인데 보세요. (귀엽다)
   학 생 : 귀엽네요.

2) 선 생 : 영수가 지금 뭘 해요? (만화책을 보다)
   학 생 : 만화책을 보네요.

3) 선 생 : 제가 이 그림을 그렸어요. (잘 그리셨다)
   학 생 : 잘 그리셨네요.

4) 선 생 : 미국에서 내일 친구가 와요. (기쁘시겠다)
   학 생 : 기쁘시겠네요.

5) 선 생 : 1시간 전에 떠났다고 해요. (곧 도착하겠다)
   학 생 : 곧 도착하겠네요.

20.2 D4

(보기) 선 생 : 도시락은 제가 준비하겠습니다.
       학 생 : 그러시겠어요?
            그렇게 하시겠어요?

1) 선 생 : 김 선생님께 제가 연락하겠습니다.
　 학 생 : 그러시겠어요?

2) 선 생 : 제가 식당과 호텔을 예약하겠습니다.
　 학 생 : 그러시겠어요?

예매하다
pay ahead of time

3) 선 생 : 제가 댁까지 모셔다 드리겠습니다.
　 학 생 : 그러시겠어요?

4) 선 생 : 제가 비행기 시간을 알아보겠습니다.
　 학 생 : 그러시겠어요?

5) 선 생 : 바쁘실테니까 이 일은 제가 하겠습니다.
　 학 생 : 그러시겠어요?

예, 그러겠어요.

20.3 D1

(보기) 선 생 : 옛날 풍습이 없습니다.
　　　 학 생 : 옛날 풍습이 없어지는 것 같습니다.

1) 선 생 : 감기가 심합니다.
　 학 생 : 감기가 심해지는 것 같습니다.

2) 선 생 : 발음이 좋습니다.
　 학 생 : 발음이 좋아지는 것 같습니다.

3) 신 생 : 학생이 많았습니다.
　 학 생 : 학생이 많아진 것 같습니다.

4) 선 생 : 한국 생활에 익숙했습니다.
　 학 생 : 한국 생활에 익숙해진 것 같습니다.

5) 선 생 : 교실 분위기가 달랐습니다.
　 학 생 : 교실 분위기가 달라진 것 같습니다.

20.3 D2

(보기) 선 생 : 말하기가 점점 좋아지지요?

학 생 : 예, 말하기가 점점 좋아지는 것 같아요.

1) 선 생 : 공부가 점점 어려워지지요?

학 생 : 예, 공부가 점점 어려워지는 것 같아요.

2) 선 생 : 날씨가 점점 추워지지요?

학 생 : 예, 날씨가 점점 추워지는 것 같아요.

3) 선 생 : 저 아이가 참 예뻐졌지요?

학 생 : 예, 저 아이가 참 예뻐진 것 같아요.

4) 선 생 : 생활이 많이 편리해졌지요?

학 생 : 예, 생활이 많이 편리해진 것 같아요.

5) 선 생 : 거리가 아주 깨끗해졌지요?

학 생 : 예, 거리가 아주 깨끗해진 것 같아요.

20.3 D3

(보기) 선 생 : 오 선생님 부인이 음식을 잘 만드세요? (음식 / 만들다)

학 생 : 예, 아무 음식이나 다 잘 만드세요.

1) 선 생 : 민수 씨가 운동을 잘 하세요? (운동 / 하다)

학 생 : 예, 아무 운동이나 다 잘 하세요.

2) 선 생 : 그분이 일을 잘 하세요? (일 / 하다)

학 생 : 예, 아무 일이나 다 잘 하세요.

3) 선 생 : 제임스 씨가 맥주를 잘 마셔요? (술 / 마시다)

학 생 : 예, 아무 술이나 다 잘 마셔요.

4) 선 생 : 고 선생님에게 빨간색이 잘 어울려요? (색 / 어울리다)

학 생 : 예, 아무 색이나 다 잘 어울려요.

5) 선 생 : 혜정 씨가 노래를 잘 불러요? (노래 / 부르다)

학 생 : 예, 아무 노래나 다 잘 불러요.

20.4 D1

(보기) 선 생 : 한잔할까요? (승진하셨다)

학 생 : 예, 승진하셨는데 한잔합시다.

to walk

1) 선 생 : 같이 산책할까요? (날씨가 좋다)

학 생 : 예, 날씨가 좋은데 같이 산책합시다.

2) 선 생 : 그만 할까요? (다섯 시간이나 했다)

학 생 : 예, 다섯 시간이나 했는데 그만 합시다.

3) 선 생 : 천천히 걸어갈까요? (시간이 넉넉하다)

학 생 : 예, 시간이 넉넉한데 천천히 걸어갑시다.

4) 선 생 : 도서관에 갈까요? (내일부터 시험이다)

학 생 : 예, 내일부터 시험인데 도서관에 갑시다.

5) 선 생 : 다음에 살까요? (돈이 모자라다)

학 생 : 예, 돈이 모자라는데 다음에 삽시다.

20.4 D2

(보기) 선 생 : 약을 먹습니다.

학 생 : 약을 먹지 않으면 안 됩니다.

1) 선 생 : 부모님과 의논합니다.

   학 생 : 부모님과 의논하지 않으면 안 됩니다.

2) 선 생 : 내일까지 이 일을 끝냅니다.

   학 생 : 내일까지 이 일을 끝내지 않으면 안 됩니다.

3) 선 생 : 줄을 섭니다.

   학 생 : 줄을 서지 않으면 안 됩니다.

4) 선 생 : 시간을 지킵니다.

   학 생 : 시간을 지키지 않으면 안 됩니다.

5) 선 생 : 표를 예매합니다.

   학 생 : 표를 예매하지 않으면 안 됩니다.

20.4 D3

(보기) 선 생 : 미리 예약을 해야 돼요?

      학 생 : 예, 미리 예약을 하지 않으면 안 돼요.

1) 선 생 : 이 소포를 오늘 보내야 돼요?

   학 생 : 예, 이 소포를 오늘 보내지 않으면 안 돼요.

2) 선 생 : 지금 떠나야 돼요?

   학 생 : 예, 지금 떠나지 않으면 안 돼요.

3) 선 생 : 이번 시험을 봐야 돼요?

   학 생 : 예, 이번 시험을 보지 않으면 안 돼요.

4) 선 생 : 일곱 시까지 들어가야 돼요?

   학 생 : 예, 일곱 시까지 들어가지 않으면 안 돼요.

5) 선 생 : 우리가 도와 줘야 돼요?

   학 생 : 예, 우리가 도와 주지 않으면 안 돼요.

20.4 D4

(보기) 선 생 : 오늘 해야 할 일은 없습니까?
　　　 학 생 : 예, 오늘 해야 할 일은 없습니다.

1) 선 생 : 시내에 나갈 일은 없습니까?
　 학 생 : 예, 시내에 나갈 일은 없습니다.

2) 선 생 : 그분을 만날 일은 없습니까?
　 학 생 : 예, 그분을 만날 일은 없습니다.

3) 선 생 : 부탁할 일은 없습니까?
　 학 생 : 예, 부탁할 일은 없습니다.

4) 선 생 : 심부름을 시킬 일은 없습니까?
　 학 생 : 예, 심부름을 시킬 일은 없습니다.

5) 선 생 : 은행에 들를 일은 없습니까?
　 학 생 : 예, 은행에 들를 일은 없습니다.

20.5 D1

(보기) 선 생 : 한국말을 공부하기가 재미있습니까? (어렵다)
　　　 학 생 : 예, 그렇지만 어렵습니다.

1) 선 생 : 여행하고 싶습니까? (시간이 없다)
　 학 생 : 예, 그렇지만 시간이 없습니다.

2) 선 생 : 비빔냉면이 맛있습니까? (너무 맵다)
　 학 생 : 예, 그렇지만 너무 맵습니다.

3) 선 생 : 가족이 그립습니까? (외국 생활도 즐겁다)
　 학 생 : 예, 그렇지만 외국 생활도 즐겁습니다.

4) 선 생 : 이 옷이 마음에 듭니까? (비싸다)
   학 생 : 예, 그렇지만 비쌉니다.

5) 선 생 : 그곳은 경치가 아름답습니까? (교통이 불편하다)
   학 생 : 예, 그렇지만 교통이 불편합니다.

20.5 D2

(보기) 선 생 : 언제 음악을 들으세요? (한가하다 / 심심하다)
      학 생 : 한가할 때나 심심할 때는 음악을 들어요.

1) 선 생 : 언제 술을 마셔요? (스트레스가 쌓이다 / 집 생각이 나다)
   학 생 : 스트레스가 쌓일 때나 집 생각이 날 때는 술을 마셔요.

2) 선 생 : 언제 고향 생각이 나세요? (몸이 아프다 / 잠이 안 오다)
   학 생 : 몸이 아플 때나 잠이 안 올 때는 고향 생각이 나요.

3) 선 생 : 언제 안경을 쓰세요? (책을 읽다 / 영화를 보다)
   학 생 : 책을 읽을 때나 영화를 볼 때는 안경을 써요.

4) 선 생 : 언제 학생증이 필요해요? (도서관에 들어가다/책을 빌리다))
   학 생 : 도서관에 들어갈 때나 책을 빌릴 때는 학생증이 필요해요.

5) 선 생 : 언제 돈을 많이 써요? (아이가 대학에 가다 / 결혼하다)
   학 생 : 아이가 대학에 갈 때나 결혼할 때는 돈을 많이 써요.

20.5 D3

(보기) 선 생 : 언제 책방에 갔어요? (학교에 오다)
      학 생 : 학교에 오는 길에 책방에 갔어요.

1) 선 생 : 언제 그 친구를 만났어요? (집에 가다)
   학 생 : 집에 가는 길에 그 친구를 만났어요.

2) 선 생 : 언제 일본에 갔었어요? (한국에 오다)
   학 생 : 한국에 오는 길에 일본에 갔었어요.

3) 선 생 : 언제 홍콩에 들렀어요? (중국으로 여행가다)
   학 생 : 중국으로 여행가는 길에 홍콩에 들렀어요.

4) 선 생 : 언제 편지를 부쳤어요? (점심을 먹으러 가다)
   학 생 : 점심을 먹으러 가는 길에 편지를 부쳤어요.

5) 선 생 : 언제 최 선생님을 봤어요? (아까 2층에 올라오다)
   학 생 : 아까 2층에 올라오는 길에 최 선생님을 봤어요.

단 어 색 인 INDEX

〈ㅊ〉

grammar

문법요소 색인 INDEX

〈ㅈ〉

한국어 2

초판 1992년 9월 25일
10판 1999년 8월 30일

저 자 : 연세대학교 한국어학당 편
발 행 : 연세대학교 출판부

서울특별시 서대문구 신촌동 134
전 화 : 392-6201
　　　　361-3380~2
FAX : 393-1421
등 록 : 1955년 10월 13일　제9-60호
- -
인 쇄 : 용 지 인 쇄 주 식 회 사

YUP-0347　　　　　　　　　　　　값 11,500원
ISBN 89-7141-347-6　93710